GRILLKAMERADEN

GRILLEN mit dem GASGRILL

GRILLKAMERADEN

GRILLEN mit dem GASGRILL

MIT 55 LECKEREN REZEPTEN

Bibliografische Information der Deutschen Nationalbibliothek
Die Deutsche Nationalbibliothek verzeichnet diese Publikation in der Deutschen Nationalbibliografie. Detaillierte bibliografische Daten sind im Internet über http://d-nb.de abrufbar.

Für Fragen und Anregungen
info@rivaverlag.de

Originalausgabe
2. Auflage 2019
© 2019 by riva Verlag, ein Imprint der Münchner Verlagsgruppe GmbH
Nymphenburger Straße 86
D-80636 München
Tel.: 089 651285-0
Fax: 089 652096

Alle Rechte, insbesondere das Recht der Vervielfältigung und Verbreitung sowie der Übersetzung, vorbehalten. Kein Teil des Werkes darf in irgendeiner Form (durch Fotokopie, Mikrofilm oder ein anderes Verfahren) ohne schriftliche Genehmigung des Verlages reproduziert oder unter Verwendung elektronischer Systeme gespeichert, verarbeitet, vervielfältigt oder verbreitet werden.

Redaktion: Caroline Kazianka
Umschlaggestaltung: Isabella Dorsch
Umschlagabbildungen: Vorderseite: hlphoto/Shutterstock.com; Rückseite: Brent Hofacker/Shutterstock.com, ASK-Fotografie/Adobestock.com, Lenakov/Shutterstock.com, Martha Graham/Shutterstock.com
Satz: inpunkt[w]o, Haiger (www.inpunktwo.de)
Druck: Florjancic Tisk d.o.o., Slowenien
Printed in the EU

ISBN Print 978-3-7423-0796-5
ISBN E-Book (PDF) 978-3-7453-0414-5
ISBN E-Book (EPUB, Mobi) 978-3-7453-0415-2

Weitere Informationen zum Verlag finden Sie unter

www.rivaverlag.de

Beachten Sie auch unsere weiteren Verlage unter www.m-vg.de

INHALT

| 8 | Grillen mit dem Gasgrill: Darauf kommt es an |

13	Vorspeisen
14	Bacon-Onion-Rings mit Chipotle-Dip
17	Baguette Elsässer Art vom Grill
18	BBQ-Donuts vom Grill
21	Bruschetta – leckere Variationen vom Grill
22	Chicken Bites im Baconmantel
25	Garlic Bread – gegrilltes Knoblauchbrot
26	Gegrillte Jakobsmuscheln im Baconmantel
29	Gegrillter Spargel mit Erdbeeren
30	Lachs-Gin-Häppchen
33	Pimientos de Padrón – Bratpaprika vom Grill
34	Moink-Balls mit Chili-Cheese-Füllung
37	Sandwiches – belegte Brote vom Grill
38	Zucchini-Feta-Päckchen
41	Zupfbrot mit Käse und Schinken
42	Zupfbrot mit Pesto – mediterran und würzig
43	Grünes Pesto – schnell und einfach selbst gemacht
44	Empanadas gefüllt mit Hack und Oliven
46	Paprika-Poppers – Fingerfood vom Grill

47	**Hauptspeisen**
48	Bacon-Bomb mit Prinzessbohnen
51	Dosenhähnchen
52	Bifteki – griechische Frikadellen
55	Cheeseburger vom Grill
56	Chicken Wings
59	Chorizo-Wrap mit Guacamole
60	Chili-Koriander-Lachs
62	Gegrillte Dorade – einfach und schnell
63	Teriyaki-Hähnchenspieße
65	Dry Aged Tomahawk Steak
66	Espetadas – portugiesische Fleischspieße
69	Forelle von der Planke
70	Gegrillte Garnelen mit Chilikräuterbutter
73	Hähnchenspieße mit scharfer Himbeermarinade
74	Haxen vom Grill
77	Involtini – gegrillte italienische Putenrouladen
78	Krustenbraten vom Grill
81	Lachsburger mit Orangen-Chili-Mayonnaise
82	Lammkarree vom Grill
85	Pulled-Chicken-Burger
86	Souvlaki – griechische Spieße vom Grill
89	Thunfischspieße mit scharfem Erdnusscrunch
90	Thunfischsteak vom Grill
93	Paella – spanische Reispfanne
94	Veggie-Burger mit Manchego-Käse
97	Surf-and-Turf-Burger vom Grill
98	Gegrillte Weihnachtsgans
101	Ochsenfiletspieße mit Chimichurri

102	Rehkeule
104	Big-Kahuna-Burger – Grillkameraden-Version

105 Nachspeisen

106	Bratapfel vom Grill
109	Crème brûlée vom Grill
110	Flammkuchen mit Birne und Ziegenkäse
113	Warme Schokoküchlein mit flüssigem Kern
114	Crumble mit Rhabarber und Erdbeeren
117	Erdbeer-Marshmallow-Spieße mit Minze
118	Gegrillte Bananen mit Schokocrunch
120	Pancakes – amerikanische Pfannkuchen vom Grill
121	Rezeptregister

GRILLEN MIT DEM GASGRILL: DARAUF KOMMT ES AN

Das Grillen mit Gas ist vor allem im Barbecue-Land USA sehr beliebt: 30 Prozent der Menschen dort braten ihre Steaks oder Würstchen auf Gasgrills. Auch hierzulande werden sie immer beliebter. Kein mühsames Anzünden mehr, kein Warten darauf, dass die Kohlen endlich die optimale Hitze abgeben. Der Gasgrill erreicht in kurzer Zeit die perfekte Grilltemperatur. Ein weiterer Vorteil: Die Beziehung zum Nachbarn wird nicht durch lästige Rauchschwaden oder fliegende Funken gestört. Und nach dem Grillen dreht man einfach den Regler zu und fertig – man muss sich keine Gedanken mehr darüber machen, wo und wie man die gegebenenfalls noch heiße Asche entsorgt.

DAS SOLLTE MAN BEIM KAUF EINES GASGRILLS BEACHTEN

Da ein Gasgrill im Vergleich zum Holzkohlegrill wesentlich mehr Technik enthält und in der Regel komplexer gefertigt ist, hat er einen höheren Preis. Grundregel Nummer eins: Das teuerste Modell muss zwar nicht unbedingt das beste sein, sparen Sie beim Kauf eines Gasgrills aber bitte nicht an der falschen Stelle. Bei der Suche nach dem perfekten Gerät spielen neben harten Fakten wie Größe, Leistung, Material und Qualität auch die weichen Faktoren eine Rolle – beispielsweise das Markenimage und das Design. Denn ein Grill ist immer ein Stück Lifestyle. Da aber jeder Mensch seinem Lebensgefühl anders Ausdruck verleiht, lässt sich der »perfekte Gasgrill« nicht allgemeingültig ermitteln. Dann wäre es ja einfach – und das ist es bekanntlich nie, wenn es um Gefühle geht. Es gibt natürlich auch die Griller, die einfach nur relativ emotionslos ab und zu ein paar Würstchen auf den Rost legen wollen. Das ist durchaus legitim und bietet den Vorteil, sich weder um Marken und Hersteller noch um optionales Zubehör kümmern zu müssen. Ein Discountermodell reicht für diese Zwecke auf jeden Fall. Alle anderen sollten sich vor dem Kauf über die wichtigsten Gasgrillhersteller und die typischen Merkmale der jeweiligen Marke informieren oder im Fachhandel beraten lassen.

BEIM KAUF IMMER AUF DIE SICHERHEIT ACHTEN!

Egal ob Premium- oder Discountmodell: An der Sicherheit sollte niemals gespart werden. Ein relevanter Punkt zum Thema Sicherheit sind die CE-Kennzeichnung und die Nummer 0085 – dann ist man schon mal ein Stück auf der sicheren Seite. Absolutes Muss beim Kauf eines Gasgrills sind funktionsfähige Schlauchleitungen und Druckregler – in Deutschland haben diese die Farbe Orange. Sie sollten unbedingt beim Kauf dabei sein. Sollten die Leitungen einen schlechten

Eindruck machen, etwa geknickt oder porös sein, dann bitte: Finger weg! Denn die Schlauchleitungen müssen in Deutschland einen Nenndruck von 50 Millibar aushalten können. Gerade bei importierten Modellen kann es hier zu Problemen kommen, wenn sie von 30 auf 50 Millibar umgerüstet werden müssen. Informationen zum Nenndruck findet man sowohl auf dem Typschild des Gasgrills als auch auf dem Typschild des Druckreglers. Wenn auf beiden Schildern der gleiche Nenndruck steht, ist alles in Ordnung. Passen dann noch alle Anschlüsse ohne Probleme aufeinander, sollte dieser Sicherheitsaspekt als erfüllt gelten. Wenn es Abweichungen gibt, etwa bei Importmodellen aus den USA, können entsprechende Adaptersets aus dem Fachhandel helfen.

AUFBAU DES GASGRILLS

Hat der künftige Gasgriller alle Hürden beim Kauf überwunden und sich endlich für das passende Modell entschieden, geht es auf der heimischen Terrasse oder dem Balkon weiter – denn der Gasgrill muss in der Regel erst einmal aufgebaut werden. Alle Einzelteile sollten zunächst aus der Verpackung genommen und übersichtlich auf dem Boden verteilt werden. Nun erfolgt eine Sichtprüfung: Sind alle Einzelkomponenten in Ordnung oder gibt es offensichtliche Beschädigungen? Wenn etwas nicht so ist, wie es sein soll, gilt erhöhte Vorsicht. Im Zweifel sollten Sie den Händler aufsuchen. Halten Sie sich beim Aufbau des Grillls unbedingt an die mitgelieferte Montageanleitung. Hier erkennt man wieder einen Unterschied zwischen Qualitätsware und Discountmodellen: Bei qualitativ hochwertigen Grills ist die Montageanleitung in der entsprechenden Landessprache verständlich formuliert. Während des Aufbaus gilt es zu beachten, dass alle Verschraubungen absolut fest sind, damit der Grill einen stabilen Stand hat. Selbstverständlich müssen alle Verbindungen mit der Gasflasche dicht sein, damit das Gas nur dort austritt, wo es soll, und es später nicht zu gefährlichen Verpuffungen kommt. Um auf Nummer sicher zu gehen, sollte nach der Montage eine vereinfachte Dichtheitsprüfung erfolgen. Hierfür zunächst alle Absperrarmaturen des Gasgrills schließen. Anschließend das Gasflaschenventil langsam öffnen. Nun alle Anschlüsse zwischen Flüssiggasflasche und Gasgrill mit einem schaumbildenden Mittel einsprühen (z. B. GOK-Lecksuchspray). Achten Sie nun auf alle Anschlüsse: Wenn sich irgendwo Blasen bilden, ist an der entsprechenden Stelle ein Leck und der Schlauch bzw. die Armatur sollte unbedingt ausgetauscht werden. Ist alles dicht, können Sie die Flammenbildung prüfen: Zünden Sie den Grill an und beobachten Sie die Flamme. In der Bedienungsanleitung sollte beschrieben sein, welche Form die Flamme im optimalen Zustand haben sollte. Weicht die Realität zu sehr von der Beschreibung ab, sollten Sie den Händler kontaktieren. Wichtig: Auch wenn bei Inbetriebnahme alles dicht und funktionsfähig ist, gilt es auch für den Privatbereich, die Austauschfristen zu beachten. Spätestens nach zehn Jahren sollten Verschleißteile wie Druckregler oder Schlauchleitungen erneuert werden. Als Ausgangspunkt gilt das auf den Armaturen abgedruckte Herstelldatum. An GOK-Schlauchleitungen sollte ein gelber Zettel befestigt sein, auf dem das Jahr für den Austausch abgedruckt ist. Ansonsten sollte das Herstelljahr auf der Leitung selbst aufgedruckt sein.

DER RICHTIGE STANDORT FÜR DEN GASGRILL

Wichtig bei der Wahl des künftigen Standortes: Gasgrills dürfen nur im Freien verwendet werden, auch wenn beim Gebrauch kaum Rauch und Funken entstehen. Denn auch Gasgrills erzeugen im Betrieb giftige Gase wie Kohlendioxid oder Kohlenmonoxid, die innerhalb geschlossener Räume lebensgefährlich sind. Optimal für einen Gasgrill ist ein gut belüfteter, gegebenenfalls leicht überdachter Standort im Freien. Es ist übrigens vollkommen egal, ob die Gasflasche im Schatten oder in der prallen Sonne steht. Alle handelsüblichen Gasflaschen sind so konzipiert, dass sie auch extremer Hitze standhalten können. Wichtig ist allerdings, dass die Gasflache nur in aufrechter Position gelagert und verwendet wird. Wenn die Gasflasche nicht gebraucht wird, sollte sie trotzdem draußen und nicht etwa im Keller lagern, da sich ansonsten austretendes Gas sammeln und explodieren könnte.

Der Gasgrill selbst sollte nicht zu dicht an Materialien oder Möbeln stehen, die Feuer fangen könnten. Für die Verbindung zwischen Gasflasche und Gasgrill ist ein Druckregler mit passender Schlauchleitung nötig, die maximal 1,5 Meter lang sein darf. Ist die Schlauchleitung länger, muss eine Schlauchbruchsicherung zum Einsatz kommen. Achtung: Bei gewerblicher Verwendung benötigt man bereits ab 40 Zentimetern Länge eine Schlauchbruchsicherung. Wichtig ist dabei, dass auch die DINDVGW-Kennzeichnung angebracht ist.

SICHERES ANZÜNDEN DES GASGRILLS

Ist der Grill aufgebaut und hat der Besitzer alle Informationen über seine neueste Anschaffung gelesen, kann es endlich losgehen: Deckel öffnen, Regler am Grill und an der Gasflasche voll öffnen und unmittelbar den Zünder betätigen. Die meisten Gasgrills verfügen über eine Piezozündung, bei der ein kleiner elektronischer Funke das ausströmende Gas entzündet. Vorsicht: Für den Fall, dass der Funke nicht überspringt und der Grill nicht gleich angeht, bloß nicht noch einmal versuchen. Es könnte sich Gas im Innenraum des Grills angesammelt haben. Sollte der Funke plötzlich doch noch überspringen, würde es dann zu einer gefährlichen Verpuffung kommen. Also: Regler zu, ein paar Sekunden das bereits ausgeströmte Gas ablüften lassen und noch einmal versuchen. Sollte der Zünder defekt sein, funktioniert es auch mit dem guten, alten Feuerzeug oder einem Streichholz – um Verbrennungen zu vermeiden, am besten in einer langen Version.

DIREKTES UND INDIREKTES GRILLEN MIT DEM GASGRILL

Ist der oder sind die Brenner einmal an, kann die Temperatur nach Belieben reguliert werden. Genau das ist das Praktische am Gasgrill. Bei voller Öffnung der Regler hat der Grill in kurzer Zeit seine optimale Temperatur erreicht. Bei mehreren Brennern können Gasgrills auch für das beliebte indirekte Grillen verwendet werden. Einfach nur einen der Brenner anschalten und das Grillgut auf die andere Seite des Gasgrills legen. Bei geschlossenem Deckel entsteht eine Luftzirkulation wie in einem Backofen und das Grillgut wird besonders schonend gegart. Und wer das typische Raucharoma vom Holzkohlegrill vermisst, der sollte folgenden Tipp beachten: ein paar Räucherchips (gibt es online oder im Fachhandel) in Wasser einweichen und in Alufolie wickeln. Mit der Fleischgabel ein paar Löcher in die Folie stechen und das Päckchen direkt über dem Gasbrenner platzieren. Bei geschlossener Haube entfalten sich dann herrliche Aromastoffe und ziehen in das Grillgut ein.

DEN GASGRILL REINIGEN

Das Reinigen des Grillrosts ist bei einem Gasgrill sehr einfach. Nach dem Grillen sind oft Reste vom Fleisch, der Marinade oder dem Rub auf dem Grillrost vorhanden. Um diese hartnäckigen Reste zu entfernen, gibt es eine besonders effiziente Methode: das Ausbrennen. Dafür einfach alle Brenner des Gasgrills auf die höchste Stufe drehen und den Deckel des Grills schließen. Die Temperatur im Inneren des Garraums steigt und die Reste auf dem Rost beginnen zu verbrennen. Dabei entsteht recht viel Rauch, was allerdings normal ist. Sobald die Rauchentwicklung nachlässt, einfach den Deckel wieder öffnen und mit einer Grillbürste aus Stahl die Kohlereste vom Grillrost abbürsten. Wenn der Rost wieder aussieht wie neu, ist als Nächstes die Wanne des Gasgrills dran. Bei einem Gasgrill lässt sich der Grillrost einfach abnehmen, um gut an die Wanne zu gelangen. Zunächst die groben Verschmutzungen mit der Grillbürste entfernen. Anschließend sollte ein spezieller Grillreiniger großzügig aufgetragen werden, den es im Internet oder im Fachhandel gibt. Nach etwa 20 Minuten Einwirken löst sich der Dreck und läuft in die Fettschale unterhalb des Grills. Nach der Einwirkzeit einfach alles gründlich mit einem nassen Schwamm auswaschen. Zum Schluss den Gasgrill noch einmal für gut 20 Minuten auf voller Leistung laufen lassen, damit alle Reste des Reinigers verdampfen können. Anschließend die Gasflasche zudrehen und eventuelle Gussroste mit Öl einpinseln oder mit Trennspray einsprühen, wenn sie abgekühlt sind.

DEN GASGRILL FÜR DEN WINTER FIT MACHEN

Diejenigen, die den Gasgrill nur im Sommer nutzen wollen, sollten ihn für die kalten Monate winterfest machen. Erst recht, wer den Gasgrill nicht an einem trockenen Ort unterbringen kann. Auf jeden Fall sollte eine passende Abdeckhaube für den Grill zum Einsatz kommen (gibt es im Internet oder Fachhandel). Diese schützt ihn vor Regen und Schnee. Trotz Winterpause sollte das Gerät alle paar Wochen für etwa 20 Minuten auf voller Leistung laufen. So kann die im Grill befindliche Feuchtigkeit verdampfen, die Brenner bleiben frei und Insekten nisten sich nicht ein beziehungsweise werden verbrannt, sollten sie es schon getan haben. Der Grillrost sollte – sofern er aus Gusseisen besteht – mit einem Trennspray eingesprüht werden. Aber natürlich nur bei ausgeschaltetem Brenner. Wenn der Grill dann im nächsten Frühjahr wieder aus dem Winterschlaf geholt wird, sollte er erst einmal eine halbe Stunde bei voller Leistung laufen, damit alle Rückstände von Trennspray und möglicherweise Reinigungsmitteln verbrennen. Und schon geht es in die nächste Grillsaison.

EMPFOHLENES ZUBEHÖR FÜR DEN GASGRILL

Als Zubehör sind vor allem Gussteile sehr zu empfehlen, also Rost oder Platten aus Gusseisen. Gusseisen speichert die Hitze besser als Edelstahl oder Emaille und sorgt für ein besseres Grillerlebnis (etwa ein schönes Schachbrettmuster auf Steaks). Für Kugelgrills gibt es Roste mit verschiedenen Einsätzen: So kann man Steaks auf einem klassischen Rost und gleichzeitig Gemüse oder Zwiebeln auf einer Platte grillen, bei der das Grillgut nicht durchfällt. Absolutes Must-have für den Griller sind qualitativ hochwertige Zangen, Handschuhe und Pinsel. Auch wenn eine gute Zange ein paar Euro mehr kostet: Die Investition lohnt sich und spart Nerven beim späteren Grillen. Bei gusseisernen Grillrosten darf eine gute Grillbürste für die Reinigung nicht fehlen – am besten mit einem langen Griff, damit man sich nicht verbrennt. Ebenso sollte man in hochwertige Grillhandschuhe mit langem Schaft investieren, denn ab und zu will man den Grillrost vielleicht auch mal bei laufendem Betrieb abnehmen. Mit einem guten Grillhandschuh kann man einen heißen Rost ohne Weiteres einige Minuten in der Hand halten. Mit Bauhandschuhen wird es da schon schwieriger. Und wer gerne größeres Grillgut auf den Grill legen möchte, etwa einen ganzen Braten oder Hähnchen, der kommt um ein gutes Grillthermometer nicht umhin: Ein Temperaturfühler misst die Kerntemperatur des Grillguts und gewährleistet ein punktgenaues Ergebnis. Empfehlenswert sind Thermometer, die die Temperatur über Funk oder Bluetooth an einen mobilen Empfänger oder eine App senden. Dann muss der Griller nicht permanent daneben stehen. Die weitere Palette der Zubehörteile ist auch bei Gasgrills wahnsinnig lang: Ob Halterung für Hähnchen, Drehspieße oder Fischkörbe – für jedes Grillgut gibt es eigene Zubehörteile. Welche davon Sinn machen oder nicht, bleibt letztendlich dem Griller selbst überlassen.

VOR-SPEISEN

Vorspeisen

Bacon-Onion-Rings mit Chipotle-Dip

Ein leckerer Snack, der nicht nur Bacon-Liebhabern schmeckt.

FÜR 20–25 STÜCK
ZEITBEDARF: 10 MINUTEN VORBEREITEN • 60 MINUTEN GRILLEN

ZUTATEN:

Für die Bacon-Onion-Rings:
2 Zwiebeln
4 EL BBQ-Sauce
400 g Bacon in Scheiben
2 EL BBQ-Rub

Für den Chipotle-Dip:
100 g Crème fraîche
25 g Tabasco-Chipotle-Sauce
1 Handvoll Schnittlauch
1 Prise Salz

1. Die Zwiebeln schälen und in ca. 1 cm dicke Scheiben schneiden. Für stabile Onion-Rings die Ringe jeweils paarweise aus den Zwiebelscheiben herauslösen. Einzelne Ringe halten dem Bacon nicht stand.

2. Die Zwiebelringe mit der BBQ-Sauce einstreichen und jeweils mit 2–3 Scheiben Bacon umwickeln. Die in Bacon gewickelten Zwiebelringe mit der BBQ-Rub-Gewürzmischung bestäuben.

3. Den Grill auf 150 °C einstellen und die vorbereiteten Onion-Rings ca. 60 Minuten in einer Grillschale grillen lassen. Durch die geringe Hitze und die lange Grillzeit wird die Zwiebel schön weich und der Bacon super knusprig.

4. Während der Grill seine Arbeit verrichtet, den Chipotle-Dip anmischen. Dazu Crème fraîche und Tabasco-Chipotle-Sauce in einer Schüssel vermischen. Den Schnittlauch waschen, in Röllchen schneiden und dazugeben. Alles mit Salz abschmecken.

5. Bacon-Onion-Rings mit dem Chipotle-Dip servieren und genießen!

Vorspeisen

Baguette Elsässer Art vom Grill

Ein Baguette Elsässer Art ist mit seinen vier Grundzutaten schnell gemacht und ein toller Snack für zwischendurch. Wer klassischen Flammkuchen mit Speck und Zwiebeln mag, dem wird dieses Baguette definitiv schmecken.

FÜR 4 PORTIONEN
ZEITBEDARF: 15 MINUTEN VORBEREITEN • 10 MINUTEN GRILLEN

ZUTATEN:
- 2 Lauchzwiebeln
- 250 g Schmand
- 1 Prise Salz
- schwarzer Pfeffer aus der Mühle
- 1 Stange rustikales Baguette
- 50 g geräucherte Speckwürfel

1. Lauchzwiebeln waschen, putzen und in Ringe schneiden.
2. Den Schmand verrühren und kräftig mit Salz und Pfeffer abschmecken.
3. Baguette halbieren und längs in zwei Hälften schneiden.
4. Baguetteviertel jeweils mit Schmand bestreichen, Speckwürfel und Lauchzwiebeln gleichmäßig darauf verteilen.
5. Die Baguettestücke bei 180–200 °C indirekter Hitze grillen, bis der Speck leicht kross und der Schmand sämig ist.

Vorspeisen

BBQ-Donuts vom Grill

BBQ-Donuts sind die kreative (und fleischige) Alternative zu klassischen Donuts aus Teig.

FÜR 6 STÜCK
ZEITBEDARF: 30 MINUTEN VORBEREITEN · 30 MINUTEN GRILLEN

ZUTATEN:

Für die Donuts:
- 500 g Rinderhackfleisch
- schwarzer Pfeffer aus der Mühle
- 1 Prise Salz
- 4 EL BBQ-Rub
- 6 TL geriebener Käse
- 12 sehr dünne Scheiben Bacon

Für die Glasur:
- 6 EL BBQ-Sauce
- 3 EL flüssiger Honig

Zubehör:
Donutform

1. Das Hackfleisch für die BBQ-Donuts mit Pfeffer, Salz und dem Rub würzen und gut durchmischen.

2. Jedes Feld der Donutform etwa zur Hälfte mit dem Hackfleisch füllen. Wichtig: In die Mitte jeweils eine schöne Mulde drücken. Den geriebenen Käse in die Mulden geben und anschließend mit dem restlichen Hackfleisch zudecken.

3. Den Grill auf etwa 180 °C vorheizen und die Donutform in die indirekte Hitze stellen.

4. Nach ca. 10 Minuten, wenn die BBQ-Donuts so fest sind, dass sie sich leicht aus der Form lösen, diese aus der Form holen. Vorsicht, heiß!

5. Die BBQ-Donuts einen kleinen Moment abkühlen lassen, dann um jeden Donut 2 Scheiben Bacon wickeln.

6. Die BBQ-Donuts wieder auf den Grill legen, diesmal aber auf die direkte Hitze. Unbedingt darauf achten, dass die Temperatur nicht allzu heiß ist, da der Bacon sonst schnell anbrennt und/oder der Käse herausläuft. Die einzelnen Donuts nach ein paar Minuten wenden.

7. In der Zwischenzeit in einer Schüssel aus der BBQ-Sauce und dem Honig eine Glasur anrühren.

8. Sobald der Speck etwas kross geworden ist, die Donuts mithilfe des Kochpinsels von beiden Seiten mit der Glasur einstreichen und braten. Nach 20–30 Minuten sind die BBQ-Donuts fertig zum Verzehr.

Achten Sie darauf, dass die Baconscheiben schön dünn geschnitten sind. Ist der Bacon zu dick, wird das Umwickeln der Donuts schwierig.

Vorspeisen

Bruschetta – leckere Variationen vom Grill

Ein Klassiker der italienischen Vorspeisen mit vielen Variationsmöglichkeiten.

FÜR 3 PORTIONEN
ZEITBEDARF: 20 MINUTEN VORBEREITEN • 5 MINUTEN GRILLEN

ZUTATEN:

Für Belag Variante 1:
- 2 Tomaten
- 1 Knoblauchzehe
- 1 Stängel frisches Basilikum
- Olivenöl
- 1 Prise grobes Meersalz
- schwarzer Pfeffer aus der Mühle

Für Belag Variante 2:
- 4–5 Champignons
- 1 Schalotte
- 1 Stängel frische krause Petersilie
- 50 g Speckwürfel
- 1 Prise grobes Meersalz
- schwarzer Pfeffer aus der Mühle

Für die Bruschetta:
- 1 Laib Pane Pugliese oder Ciabatta
- 1 Knoblauchzehe
- 1–2 EL gutes Olivenöl
- grobes Meersalz
- schwarzer Pfeffer aus der Mühle

1. Zunächst den Belag vorbereiten. Für Variante 1 müssen zuerst die Tomaten gehäutet werden. Hierfür die Tomaten kurz in eine Schüssel mit kochendem Wasser legen, damit die Schale aufplatzt und sich schön ablösen lässt. Wenn die Schale entfernt ist, die Tomaten halbieren und Stielansatz und Kerne entfernen. Das Fruchtfleisch fein hacken.
2. Die Knoblauchzehe schälen und fein hacken. Das Basilikum waschen, trocken schütteln und ebenfalls fein hacken.
3. Alle Zutaten für den Belag in eine Schüssel geben und vermischen. Mit Olivenöl, Salz und Pfeffer würzen.
4. Für Variante 2 die Champignons putzen und in Scheiben schneiden, die Schalotte schälen, fein würfeln und die Petersilie waschen, trocken schütteln und hacken.
5. Champignons und Schalotte zusammen mit dem Speck in einer Pfanne anbraten. Mit Salz und Pfeffer abschmecken und etwas gehackte Petersilie dazugeben.
6. Nun den Grill auf ca. 180 °C vorheizen.
7. Das Brot in etwa 2 cm dicke Scheiben schneiden und die Brotscheiben 1–2 Minuten pro Seite auf den Grill legen.
8. Anschließend die Scheiben mit 1 geschälten Knoblauchzehe einreiben.
9. Die Brotscheiben mit etwas Olivenöl beträufeln und mit Meersalz und Pfeffer würzen. Nach Belieben mit den beiden Varianten belegen.

Vorspeisen

Chicken Bites im Baconmantel

FÜR 20 STÜCK
ZEITBEDARF: 10 MINUTEN VORBEREITEN · 40 MINUTEN GRILLEN

ZUTATEN:
- 4 Hähnchenfilets (à 150 g)
- 1 EL BBQ-Rub für Hähnchen
- 3 EL Dijon-Senf
- 20 Scheiben Bacon
- 6 EL Semmelbrösel
- 1 EL grober Pfeffer
- 1–2 EL Öl

Zubehör:
- 1 Grillschale

1. Die Hähnchenfilets unter kaltem Wasser sorgfältig abwaschen und mit Küchenpapier trocken tupfen. Aus jedem Filet jeweils 5 gleich große Stücke schneiden.
2. In einer Schüssel den BBQ-Rub mit dem Senf verrühren und die Filetstücke dazugeben. Alles ordentlich vermischen, damit die Hähnchenstücke rundum mit der Senf-Rub-Mischung bedeckt sind.
3. Anschließend jedes Fleischstück mit 1 Scheibe Bacon umwickeln.
4. Danach die Panade vorbereiten. Dafür die Semmelbrösel in einem tiefen Teller mit dem groben Pfeffer vermischen.
5. Alle umwickelten Filetstücke in der der Pfeffer-Semmelbrösel-Mischung wenden. Die Panade bleibt am Fett des Bacons haften.
6. Den Grill auf 180 °C indirekte Hitze einstellen.
7. Eine Grillschale mit etwas Öl einfetten, damit die Hähnchenstücke nicht daran kleben bleiben.
8. Die Filetstücke in die Grillschale legen und diese für ca. 40 Minuten bei geschlossenem Deckel auf den Grill stellen.
9. Am Ende des Grillvorgangs den Chicken Bites noch einmal 2 Minuten starke direkte Hitze von oben geben, damit der Bacon schön kross wird.

Wer es etwas fruchtiger mag, nimmt statt des »normalen« BBQ-Rubs zum Beispiel eine Gewürzmischung mit fruchtiger Note. Dieser Rub ist schön fruchtig und hat eine gute Currynote. Nachdem die Chicken Bites fertig gegrillt sind, einfach ein Stück frische Ananas oder Mango als Topping darauflegen und mit einem Zahnstocher fixieren.

Garlic Bread – gegrilltes Knoblauchbrot

Knuspriges Brot, zerlaufener Käse und duftende Kräuter!
Das darf zu keinem Steak fehlen.

FÜR 1 GANZES BROT
ZEITBEDARF: 10 MINUTEN VORBEREITEN · 15 MINUTEN GRILLEN

ZUTATEN:
- 1 Baguette oder Ciabatta
- 50 g Butter
- 2 EL Olivenöl
- 120 g geriebener Gruyère
- 1 Zweig Rosmarin
- 1 Zweig Thymian
- 1 Bund krause Petersilie
- 3 Knoblauchzehen
- grobes Meersalz
- grober Pfeffer

1. Das Brot in 1,5–2 cm dicke Scheiben schneiden.
2. Butter, Olivenöl und Gruyère in einer Schüssel vermischen.
3. Rosmarin, Thymian und Petersilie waschen und trocken schütteln. Die Rosmarinnadeln vom Zweig abzupfen und zusammen mit dem Thymian und der Petersilie fein hacken.
4. Den Knoblauch schälen und entweder pressen oder ebenfalls ganz fein hacken und zusammen mit den Kräutern in die Butter-Öl-Käse-Mischung einrühren.
5. Die Kräuterbutter mit dem Meersalz und dem Pfeffer abschmecken und gleichmäßig auf den Brotscheiben verteilen.
6. Den Grill auf 200 °C vorheizen und die Brotscheiben dort 10–15 Minuten bei indirekter Hitze grillen.
7. Das Knoblauchbrot ist fertig, sobald der Käse schön zerlaufen ist und anfängt, leicht braun zu werden.

Vorspeisen

Gegrillte Jakobsmuscheln im Baconmantel

Leckeres Seafood, umwickelt mit knusprig-rauchigem Bacon.

FÜR 3 PORTIONEN
ZEITBEDARF: 25 MINUTEN VORBEREITEN • 5–6 MINUTEN GRILLEN

ZUTATEN:

Für die Muscheln:
- 9 Scheiben Bacon
- 1 TL BBQ-Rub
- 9 Jakobsmuscheln (frisch oder TK)

Für den Salat:
- 300 g Feldsalat
- 1 Granatapfel
- 1 Schalotte
- 3 EL Himbeer-Balsamico
- 1 Prise Salz
- schwarzer Pfeffer aus der Mühle
- 1 TL Dijon-Senf
- 1 EL Honig
- 3 EL Olivenöl

1. Die Baconscheiben auf einem Brett auslegen und jede Scheibe mit etwas BBQ-Rub-Gewürzmischung bestreuen.

2. Danach jeweils 1 Jakobsmuschel an das Ende 1 Baconscheibe legen und diese ganz langsam mit der Muschel aufrollen, sodass ein kleines Paket entsteht.

3. Feldsalat verlesen, waschen und trocken schütteln. Die Kerne aus dem Granatapfel lösen.

4. Das Dressing für den Salat zubereiten. Dazu die Schalotte schälen und in feine Würfel schneiden. Den Himbeer-Balsamico mit Salz und Pfeffer, Senf und Honig in einer Schüssel verrühren. Sobald sich der Honig aufgelöst hat, das Öl und die Schalottenwürfel hinzugeben und alles vermischen.

5. Den Grill auf ca. 200 °C vorheizen. Die Muscheln darauf ca. 3 Minuten pro Seite bei direkter Hitze grillen, damit der Bacon schön kross wird.

6. Während die Muscheln grillen, den Feldsalat auf 3 Tellern anrichten. Dressing und Granatapfelkerne darüber verteilen.

7. Sobald die Muscheln gar sind, je 3 Jakobsmuscheln auf jedem Salatteller platzieren und sofort servieren.

Um die Kerne des Granatapfels gut aus der Frucht zu bekommen, gibt es einen Trick: eine Schüssel mit kaltem Wasser füllen, den Granatapfel halbieren und in das Wasserbad legen. Dort lassen sich jetzt ganz leicht die Kerne aus der Schale brechen. Die Kerne fallen dabei auf den Boden der Schüssel und die Reste der Schale treiben an der Oberfläche.

Vorspeisen

Beim Kauf von Spargel darauf achten, dass er wirklich frisch ist. Je dünner die Stangen sind, desto weniger holzig ist er und desto zarter wird er beim Grillen.

Vorspeisen

Gegrillter Spargel mit Erdbeeren

Eine tolle Beilage und ein Muss für jeden Spargelfan.

FÜR 4 PORTIONEN
ZEITBEDARF: 15 MINUTEN VORBEREITEN · 15 MINUTEN GRILLEN

ZUTATEN:
- 500 g grüner Spargel
- 2 EL Olivenöl
- schwarzer Pfeffer aus der Mühle
- 400 g Bacon in Scheiben
- 100 g Erdbeeren
- grobes Meersalz
- 20 g frischer Parmesan
- Balsamico-Creme

Zubehör:
Gemüsekorb für den Grill

1. Zunächst Spargel waschen, dann das untere erste Drittel des Spargels schälen und das Ende ein wenig abschneiden. Es ist nicht notwendig, den ganzen Spargel zu schälen, da nur der untere Teil eine etwas dickere und feste Schale hat.

2. Die Spargelstangen in eine Auflaufform legen und das Olivenöl sowie den groben Pfeffer darübergeben. Alles ordentlich vermengen.

3. Anschließend die einzelnen Spargelstangen mit den Baconscheiben umwickeln und in den Gemüsekorb legen. Grill auf 150 °C indirekte Hitze einstellen und Spargel ca. 6 Minuten bei geschlossenem Deckel auf den Grill stellen.

4. Derweil Erdbeeren waschen, entstielen und mit Küchenpapier trocken tupfen.

5. Um den Bacon knusprig zu bekommen und den Spargel leicht zu bräunen, den Spargel noch 5 Minuten zusammen mit den Erdbeeren bei direkter Hitze garen lassen. Dabei die Stangen ein paar Mal wenden, damit der Bacon von allen Seiten gleich kross wird und die dünnen Spargelstangen nicht verbrennen.

6. Zum Servieren die Spargelstangen mit den Erdbeeren in die Auflaufform zurücklegen. Etwas grobes Salz darüberstreuen und den frischen Parmesan darauf reiben. Zum Schluss noch etwas Balsamico-Creme darüber verteilen – fertig ist der gegrillte Spargel.

Vorspeisen

Lachs-Gin-Häppchen

Lachs und Gin sind einfach »best buddies«, deshalb sind sie die Stars in diesem Rezept. Es versteht sich als Basisrezept und kann herrlich abgewandelt oder erweitert werden.
Nur Mut, probieren Sie verschiedene Varianten aus!

FÜR CA. 20 STÜCK
ZEITBEDARF: 15 MINUTEN VORBEREITEN ·
60 MINUTEN MARINIEREN · 10 MINUTEN GRILLEN

ZUTATEN:
250 g frisches Wildlachsfilet
Saft von 1 Zitrone
4 cl Gin
1 Bund Dill
einige Blätter Babyspinat
2 Prisen Salz
schwarzer Pfeffer aus der Mühle
150 g Sauerrahm
1 Packung Cracker

1. Lachs abspülen, mit Küchenpapier abtupfen und in eine Glasschale legen. Mit Zitronensaft und Gin beträufeln, dabei etwas Gin und etwas Zitronensaft für die Creme beiseitestellen. Lachs mindestens 1 Stunde marinieren.

2. Dill und Babyspinat waschen und trocken schütteln bzw. mit Küchenpapier trocken tupfen.

3. Lachs abtropfen lassen und auf ein großes Stück Alufolie legen.

4. Mit 1 Prise Salz und Pfeffer würzen, den Dill darauflegen (etwas Dill zum Garnieren aufbewahren) und 1 EL der Marinade darüberträufeln. Die Alufolie wie ein kleines Säckchen verschließen.

5. Den Grill auf 170 °C indirekte Hitze anheizen und die Lachspäckchen darauf maximal 10 Minuten garen.

6. In der Zwischenzeit den Sauerrahm mit dem restlichen Gin und Zitronensaft, 1 Prise Salz und etwas Pfeffer in einer Schüssel cremig verrühren.

7. Die Cracker auf einem Servierteller verteilen. Auf jeden Cracker trockene Babyspinatblätter legen, um zu verhindern, dass die Cracker schnell durchfeuchten.

8. Den gegarten Lachs aus der Alufolie holen, in kleine Häppchen zerteilen und auf den Spinat legen. Einen Klecks Sauerrahmsauce über die Lachshäppchen geben und mit dem restlichen Dill garnieren.

Vorspeisen

Zum Verzehr die Pimientos einfach am Stiel packen. So kann man wunderbar reinbeißen. Bis auf den Stiel ist alles essbar.

Pimientos de Padrón – Bratpaprika vom Grill

Die kleinen Schoten sind echte Allrounder. Ob als Tapas, Vorspeise oder als Beilage serviert, Pimientos de Padrón schmecken immer.

FÜR 2 PORTIONEN
ZEITBEDARF: 2 MINUTEN VORBEREITEN · 8 MINUTEN GRILLEN

ZUTATEN:
- 200 g Pimientos de Padrón
- 4 EL Olivenöl
- 1 EL grobes Meersalz

1. Pimientos de Padrón waschen und mit Küchenpapier trocken tupfen. Dann in eine Gusspfanne legen und das Olivenöl darüberträufeln.
2. Den Grill auf 200 °C vorheizen.
3. Die Pfanne bei direkter Hitze auf den Grill stellen und die Paprikaschoten in 8–10 Minuten gar braten. Zwischendurch immer wieder wenden, damit sie nicht anbrennen.
4. Sobald sich die Haut braun verfärbt, ablöst und Blasen wirft, sind die Pimientos de Padrón fertig. Pfanne vom Grill nehmen, etwas Meersalz über die Schoten streuen und diese gleich in der Pfanne servieren.

Vorspeisen

Moink-Balls mit Chili-Cheese-Füllung

Moink-Balls zählen mit zu den beliebtesten »Häppchen« auf einer Grillparty. Auch wir sind große Fans dieser herzhaften Bällchen aus Hackfleisch und Speck. Unsere Interpretation mit einer Füllung aus Käse und Jalapeños gibt den Klassikern einen ganz besonderen Kick.

FÜR 12 MOINK-BALLS
ZEITBEDARF: 30 MINUTEN VORBEREITEN ·
1–2 STUNDEN KÜHLEN · 25–30 MINUTEN GRILLEN

ZUTATEN:

- 500 g gemischtes Hackfleisch
- 50 g BBQ-Rub
- 3 Scheiben Cheddar
- 2 Jalapeños
- 12 Scheiben Bacon
- BBQ-Sauce
- flüssiger Honig

Zubehör:

- Räucherbox
- Räucherspäne

1. Hackfleisch braucht unbedingt ein kräftiges BBQ-Gewürz. Um der Mischung aus Schweine- und Rinderhackfleisch (die Kombination ist der Grund für den Namen: Rind (»Moo«) und Schwein (»Oink«) = Moink) die richtige Würze zu verpassen, etwa 50 Gramm BBQ-Gewürz gründlich mit dem Fleisch vermengen. Fleisch 1–2 Stunden in den Kühlschrank stellen, damit sich das Aroma gut verteilen kann.

2. Für die Füllung den Käse in einem hitzebeständigen Gefäß zum Schmelzen bringen.

3. Die Jalapeños waschen, putzen, fein hacken und unterrühren. Warten, bis der Käse wieder fest geworden ist. Anschließend den mit Jalapeños versehenen Käse in 12 Stücke schneiden.

4. Aus ca. 40 g Hackfleisch 1 runde, flache Scheibe formen. Mit dem restlichen Hackfleisch ebenso verfahren, das ergibt etwa 12 Fladen.

5. In die Mitte jedes Fladens 1 Käsestück setzen und dieses anschließend vollständig mit dem Hackfleisch umschließen. Darauf achten, dass die Fleischbällchen wirklich dicht sind, um den Grill beim Garen nicht unnötig zu verschmutzen.

6. Zum krönenden Abschluss jedes Bällchen mit 1 Scheibe Speck umwickeln.

7. Grill auf 110–120 °C indirekte Hitze anheizen. Damit der Käse vollständig schmilzt und das Hackfleisch nicht außen verbrennt, während es innen noch roh ist, sollten die Moink-Balls nicht direkt über der Flamme grillen. Um ihnen den rauchigen Geschmack zu verleihen, 1 Handvoll Räucherspäne in eine Räucherbox geben und diese in den Grill stellen. Deckel schließen und Bällchen 20 Minuten räuchern lassen.

8. Währenddessen BBQ-Sauce und Honig zu gleichen Teilen in einer Schüssel vermischen und die Bällchen nun damit bestreichen. Die Hitze auf 200 °C erhöhen und Bällchen 5–10 Minuten bei geschlossenem Deckel grillen, damit der Bacon schön kross wird und die aufgetragene BBQ-Sauce leicht karamellisiert.

9. Wenn der Bacon kross ist, ist es Zeit zu genießen!

Falls das Wetter mal nicht mitspielt oder Sie den Grill nicht anwerfen wollen, können Sie auch einen Sandwichmaker verwenden.

Sandwiches – belegte Brote vom Grill

Gutes Fleisch, würziger Käse und etwas Grünzeug in geröstetem Brot – einfach lecker!

FÜR 4 PORTIONEN
ZEITBEDARF: 20 MINUTEN VORBEREITEN · 10 MINUTEN GRILLEN

ZUTATEN:

Für das italienische Sandwich:

8 Scheiben Toastbrot
1 Glas rotes Pesto
50 g Rucola
8 Scheiben Parmaschinken
8–12 getrocknete, eingelegte Tomaten
8 Scheiben Gruyère

Für das griechische Sandwich:

200 g Putenschnitzel
1 TL BBQ-Rub für Hähnchen
8 Scheiben Toastbrot
1 Glas grünes Pesto
50 g Baby-Blattspinat
1 Schalotte
100 g Feta

1. Für das italienische Sandwich zunächst alle Toastscheiben mit rotem Pesto bestreichen.
2. Rucola waschen und mit Küchenpapier trocken tupfen.
3. 4 bestrichene Toastscheiben jeweils mit etwas Rucola, 2 Scheiben Parmaschinken, darauf 2–3 getrockneten Tomaten und 2 Scheiben Gruyère belegen. Die restlichen Toastscheiben mit der bestrichenen Seite nach unten als Deckel auflegen.
4. Für das griechische Sandwich am besten mit dem Putenschnitzel beginnen. Schnitzel waschen, mit Küchenpapier trocken tupfen und mit dem BBQ-Rub würzen.
5. Den Grill auf 160 °C vorheizen. Schnitzel je nach Dicke ca. 3 Minuten pro Seite angrillen, es sollte aber noch nicht ganz durch sein. Schnitzel dann in feine, dünne Streifen schneiden.
6. Alle Toastscheiben mit etwas grünem Pesto bestreichen.
7. Babyspinat waschen und mit Küchenpapier trocken tupfen. Schalotte schälen und in Ringe schneiden.
8. 4 bestrichene Toastscheiben jeweils mit etwas Baby-Blattspinat, ca. 40–50 g Putenschnitzel, ein paar Schalottenringen und 25 g zerkrümeltem Feta belegen. Die restlichen Toastscheiben mit der bestrichenen Seite nach unten als Deckel auflegen.
9. Grilltemperatur auf 180 °C erhöhen.
10. Beide Sandwichvarianten 10–12 Minuten auf den Grill legen. Nach der Hälfte der Zeit alle Brote einmal wenden, damit beide Seiten schön angeröstet werden.

Vorspeisen

Zucchini-Feta-Päckchen

FÜR 2 PORTIONEN
ZEITBEDARF: 20 MINUTEN VORBEREITEN · 15–20 MINUTEN GRILLEN

ZUTATEN:

1 kleine Zucchini
1 Prise Salz
schwarzer Pfeffer aus der Mühle
1 Zweig Rosmarin
1 Zweig Thymian
2 TL getrockneter Oregano
200 g Feta
2 EL Olivenöl

1. Zucchini putzen, waschen und längs in feine Scheiben schneiden. Dies geht am besten mit einem Filetiermesser oder einem Sparschäler. Bei Verwendung eines Sparschälers müssen Sie etwas mehr Druck ausüben, damit die Scheiben nicht zu dünn werden. Zucchinischeiben salzen und pfeffern.

2. Rosmarin und Thymian waschen und mit einem Küchentuch abtupfen. Danach die Blätter von den Stängeln abziehen und fein hacken. Anschließend in einer Schüssel mit dem Oregano mischen.

3. Den Feta in 2 gleich große Stücke teilen und mit etwas Olivenöl bestreichen. Dann in die Kräuterpanade legen und mehrmals wenden, sodass der Käse gleichmäßig mit den Kräutern überzogen ist.

4. Nun die panierten Fetastücke in die Zucchinischeiben einwickeln und diese mit Zahnstochern fixieren. Die Fetapäckchen jeweils in Alufolie packen und rundum gut verschließen.

5. Grill auf 180 °C indirekte Hitze einstellen.

6. Die Päckchen 15–20 Minuten bei indirekter Hitze auf den Grill legen. Nach Ablauf der Garzeit die Päckchen vom Grill nehmen und öffnen. Vorsichtig öffnen, denn die Alufolie ist sehr heiß!

Vorspeisen

Wer in der dunklen und kalten Jahreszeit nicht so gerne draußen am Grill steht, kann das Brot natürlich auch im Backofen zubereiten. Diesen dafür einfach auf 140 °C Umluft vorheizen und das Zupfbrot darin ca. 20 Minuten backen.

Zupfbrot mit Käse und Schinken

Ob vom Grill oder aus dem Ofen, ein Zupfbrot gelingt immer und schmeckt einfach lecker – egal, ob bei einem Kindergeburtstag für die Kleinen, als Appetizer oder als kleiner Snack zu einem guten Glas Wein oder Bier. Weil es so schnell und einfach zubereitet ist und ganz unterschiedlich gefüllt werden kann, ist es ein echter Allrounder.

FÜR 1 ZUPFBROT
ZEITBEDARF: 15 MINUTEN VORBEREITEN · 20 MINUTEN GRILLEN

ZUTATEN:
- 500 g Brot (vorzugsweise dunkles Brot)
- 125 g Kräuterbutter
- 4 Frühlingszwiebeln
- 6 Scheiben gekochter Schinken
- 200 g Cheddar
- 200 g Gouda
- 4–5 Stängel Schnittlauch

Zubehör:
Pizzastein

1. Das Brot längs und quer (schachbrettartig) bis ca. 5 mm vom Boden entfernt einschneiden – nicht durchschneiden!

2. Anschließend die Kräuterbutter mit einem Messer in die entstandenen Spalten streichen und gut verteilen.

3. Die Frühlingszwiebeln putzen, waschen und klein schneiden. Den gekochten Schinken fein würfeln und beides ebenfalls in die Brotspalten füllen.

4. Cheddar sowie Gouda in dünne Stücke schneiden und auch in den Brotspalten verteilen.

5. Den Grill auf ca. 140 °C indirekte Hitze aufheizen und am besten einen Pizzastein in die Mitte der Grillfläche legen, damit der Boden des Brotes nicht schwarz wird. Das fertig belegte Zupfbrot auf den vorgeheizten Pizzastein legen und 20 Minuten bei indirekter Hitze backen.

6. Den Schnittlauch waschen, trocken schütteln und in feine Röllchen schneiden. Das fertige Zupfbrot vom Grill nehmen, mit Schnittlauch bestreuen und heiß servieren.

Zupfbrot mit Pesto – mediterran und würzig

Ein Zupfbrot muss nicht immer klassisch mit Schinken und Käse gefüllt sein. Dieses Rezept liefert eine italienisch angehauchte Variante.

FÜR 1 ZUPFBROT
ZEITBEDARF: 15 MINUTEN VORBEREITEN • 20 MINUTEN GRILLEN

ZUTATEN:

- 500 g Brot (vorzugsweise dunkles Brot)
- 150 g grünes Pesto (siehe Rezept Seite 43)
- 150 g getrocknete Tomaten
- 50 g Walnusskerne
- 100 g magere Schinkenwürfel
- 200 g Cheddar
- 200 g Gruyère
- 4–5 Stängel Schnittlauch

Zubehör:

Pizzastein

1. Das Brot längs und quer (schachbrettartig) bis ca. 5 mm vom Boden entfernt einschneiden – nicht durchschneiden!

2. Anschließend das Pesto mit einem Löffel in die entstandenen Spalten streichen und gut verteilen.

3. Die getrockneten Tomaten klein schneiden und die Walnusskerne grob hacken. Beides mit den Schinkenwürfeln ebenfalls in die Brotspalten füllen.

4. Cheddar sowie Gruyère in dünne Stücke schneiden und auch in den Brotspalten verteilen.

5. Den Grill auf ca. 140 °C indirekte Hitze aufheizen und am besten einen Pizzastein in die Mitte der Grillfläche legen, damit der Boden des Brotes nicht schwarz wird. Das fertig belegte Zupfbrot auf den vorgeheizten Pizzastein legen und ca. 20 Minuten bei indirekter Hitze backen.

6. Den Schnittlauch waschen, trocken schütteln und in feine Röllchen schneiden. Das fertige Zupfbrot vom Grill nehmen, mit Schnittlauch bestreuen und heiß servieren.

Vorspeisen

Grünes Pesto – schnell und einfach selbst gemacht

Klar, Pesto kann man fertig im Glas kaufen – aber es ist kein großer Aufwand, es selbst herzustellen, und es schmeckt viel besser!

FÜR 1 KLEINES GLAS
ZEITBEDARF: 10 MINUTEN

ZUTATEN:
- 2 EL Pinienkerne
- 80 g frisches Basilikum
- 1 Knoblauchzehe
- 90 g Parmesan
- 150 ml Olivenöl
- 1 Prise Salz
- schwarzer Pfeffer aus der Mühle

1. Pinienkerne in einer Pfanne ohne Fett leicht anrösten.
2. Basilikum waschen und trocken schütteln, Knoblauch schälen. Den Parmesan in Würfel schneiden.
3. Alle Zutaten in einen Mixer geben und fein pürieren.

Empanadas gefüllt mit Hack und Oliven

Würziges Hackfleisch, schwarze Oliven und zerlaufener Manchego-Käse, umhüllt von knusprigem Blätterteig – einfach köstlich!

FÜR 6 STÜCK
ZEITBEDARF: 20 MINUTEN VORBEREITEN • 20 MINUTEN GRILLEN

ZUTATEN:

- 1 Schalotte
- 100 g Rinderhackfleisch
- 1 kleine Knoblauchzehe
- Salz und Pfeffer
- ½ TL Magic Dust
- 2 TL Tabasco-Chipotle-Sauce
- ½ rote Paprikaschote
- 2 EL Frischkäse
- 1 Rolle Blätterteig
- 150 g Manchego-Käse
- 50 g entkernte schwarze Oliven
- 2 Eigelbe

Zubehör:

Pizzastein

1. Zunächst die Hackfüllung zubereiten. Dazu die Schalotte schälen, fein würfeln und zusammen mit dem Rinderhack in einer Pfanne anbraten.
2. Knoblauch schälen und zum Hackfleisch pressen. Das Ganze mit Salz, Pfeffer, Magic Dust sowie Tabasco-Chipotle-Sauce würzen.
3. Paprika putzen, waschen und in kleine Würfel schneiden. Paprika und Frischkäse unter die Hackmasse mischen.
4. Den Blätterteig ausrollen. Mit einer Ausstechform mit ca. 8 cm Durchmesser bzw. einem Glas runde Kreise aus dem Teig ausstechen.
5. Den Käse klein würfeln. Die Oliven in Ringe schneiden.
6. Auf die Blätterteigkreise jeweils etwas Käse, 1 EL Hackfüllung und 3–4 Olivenringe geben. Zutaten NICHT in die Mitte des Kreises setzen, sondern etwas an den Rand platzieren, da der Teig später zusammengeklappt wird.
7. Den Rand der Blätterteigkreise mit Eigelb einpinseln und Teig zu einem Halbkreis zusammenklappen. Damit die Teigtaschen beim Grillen oder Backen nicht aufgehen, die Ränder mit einer Gabel noch etwas zusammendrücken.
8. Den Grill auf 180–200 °C indirekte Hitze vorheizen und einen Pizzastein auf den Rost legen.
9. Sobald die gewünschte Temperatur erreicht ist, die Oberseite der Empanadas mit dem restlichen Eigelb bestreichen und die Teigtaschen auf den Pizzastein legen.
10. Empanadas 15–20 Minuten garen. Sobald der Teig knusprig und goldgelb ist, sind die Empanadas fertig und bereit zum Servieren.

Zusammen mit einer Aioli und ein paar Garnelenspießen lässt sich schnell eine kleine Tapas-Variation zaubern.

Paprika-Poppers – Fingerfood vom Grill

Paprika-Poppers sind das perfekte Fingerfood vom Grill. Die hier verwendeten Mini-Spitzpaprika haben einen hervorragenden Geschmack, der sich wunderbar mit der Füllung aus Hackfleisch und Käse und dem Mantel aus Bacon verbindet.

FÜR 60 STÜCK
ZEITBEDARF: 30 MINUTEN VORBEREITEN • 30 MINUTEN GRILLEN

ZUTATEN:
- 500 g Hackfleisch
- 150 g geriebener Käse
- 200 g körniger Frischkäse
- BBQ-Rub
- 1 Prise Salz
- schwarzer Pfeffer aus der Mühle
- 30 Mini-Spitzpaprika
- 30 Scheiben Bacon

1. Für die Füllung das Hackfleisch in einer Schüssel mit dem geriebenen Käse und dem Frischkäse zu einer gleichmäßigen Masse vermengen. Mit BBQ-Rub, Salz und Pfeffer würzen.
2. Die Mini-Spitzpaprika waschen, längs halbieren und Kerne und Trennhäute entfernen. Anschließend mit der Hackfleisch-Käse-Mischung füllen.
3. Die Baconscheiben ebenfalls halbieren und jede Paprikahälfte mit Bacon umwickeln.
4. Den Grill auf etwa 170 °C vorheizen. Die Paprika-Poppers zunächst 15 Minuten indirekt grillen, also nur einen der äußeren Brenner auf kleinster Flamme laufen lassen. Dann die Temperatur auf 200 °C erhöhen und die Paprika-Poppers weitere 15 Minuten grillen.
5. Danach steht dem Genuss nichts mehr im Wege, doch Vorsicht, sie sind heiß!

HAUPT-SPEISEN

Hauptspeisen

Bacon-Bomb mit Prinzessbohnen

Die Bacon-Bomb mit Prinzessbohnen ist im Grunde die konsequente Fortführung der »Böhnchen im Speckmantel« – ergänzt um Hackfleisch und einen flüssigen Kern aus Käse. Dass das hervorragend zusammenpasst, davon haben wir uns selbst überzeugt. Probieren Sie es doch auch mal aus!

FÜR 2 PORTIONEN
ZEITBEDARF: 40 MINUTEN VORBEREITEN · 30–40 MINUTEN GRILLEN

ZUTATEN:
- 12 Scheiben Bacon
- Pfeffer
- Salz
- Paprikapulver
- Chilipulver
- BBQ-Rub
- 500 g Hackfleisch
- 200 g Prinzessbohnen
- 200 g Emmentaler
- 5 EL BBQ-Sauce
- 5 EL flüssiger Honig

1. Zunächst braucht die Bacon-Bomb ein Bett – sprich ein Geflecht aus Speckscheiben, das anschließend das Hackfleisch samt Füllung zusammenhalten soll. Dafür 4 Scheiben Bacon senkrecht und mit etwa 3 cm Abstand nebeneinander auf Backpapier legen. Dann unten 1 Scheibe Bacon quer darüberlegen. Die weiteren Baconscheiben waagerecht auf die anderen legen, aber so, als wollte man eine Matte flechten, also einmal über und einmal unter der unten liegenden Scheibe hindurch.

2. Die »Baconmatte« ordentlich mit Pfeffer, Salz, Paprikapulver, Chilipulver und etwas BBQ-Rub würzen.

3. Danach das Hackfleisch mit denselben Gewürzen ebenfalls würzig abschmecken und auf dem Bacon ausbreiten.

4. Die Prinzessbohnen putzen, waschen und 10 Minuten in einem Topf mit kochendem Wasser blanchieren. Durch ein Sieb abgießen und dann – schön geordnet – mitten auf das Hackfleisch geben.

5. Den Käse in »Riegel« schneiden und diese auf die Bohnen legen. Nun die Bacon-Bomb wie eine Wurst vorsichtig zusammenrollen und an den Enden fest zusammendrücken.

6. Den Grill auf etwa 180 °C vorheizen. Dafür alle drei Brenner auf das Maximum stellen. Ist die gewünschte Temperatur erreicht, den mittleren Brenner ausschalten und die Brenner links und rechts auf kleinste Stufe stellen. Die Bacon-Bomb in die Mitte des Grills setzen und 30 Minuten indirekt grillen.

7. In der Zwischenzeit die BBQ-Sauce in einer Schüssel mit dem Honig vermengen. Nach 10 Minuten Grillzeit die Bacon-Bomb damit einpinseln. Das sorgt für eine optisch wie geschmacklich tolle Kruste! Diesen Vorgang 2–3 Mal während der Grillzeit wiederholen.

Natürlich sind der Kreativität keine Grenzen gesetzt. Sie können die Bacon-Bomb im Grunde mit allem füllen, was Ihnen gut schmeckt.

Hauptspeisen

Dosenhähnchen

Wer sagt eigentlich, dass es immer Bier für das Bierdosenhähnchen sein muss? Warum nicht mal eine Redbulldose in das Geflügel schieben und das Ganze dann »Flying Chicken« nennen? Wir haben es gemacht! Doch eins vorweg: Wir haben geschmacklich keinen Unterschied zu klassischem Bierdosenhähnchen festgestellt.

FÜR 4 PORTIONEN
ZEITBEDARF: 15 MINUTEN VORBEREITEN · 60–90 MINUTEN GRILLEN

ZUTATEN:
- 8 EL edelsüßes Paprikapulver
- 2 EL Salz
- 2 EL Puderzucker
- 1 EL Senfpulver
- 2 EL Chilipulver
- 2 EL Kreuzkümmel (Cumin)
- 1 EL schwarzer Pfeffer
- 2 EL Knoblauchgranulat
- 1 EL Cayennepfeffer
- 2 Hähnchen
- Olivenöl
- 2 Energy-Drink-Dosen

1. Für den Rub die Gewürze in eine Schüssel geben und gut vermengen.
2. Die Hähnchen mit etwas Olivenöl einpinseln, damit der Rub gut haftet. Das Geflügel ordentlich mit dem Rub einreiben und diesen leicht andrücken.
3. Anschließend die Dosen von hinten in die Hähnchen schieben. Zuvor den Inhalt auf etwa die Hälfte reduzieren, damit die Flüssigkeit im Inneren der Hähnchen nicht überläuft.
4. Den Grill auf 190 °C indirekte Hitze vorheizen.
5. Die Hähnchen im indirekten Bereich des Grills so platzieren, dass sie quasi auf der Dose sitzen, und bei geschlossenem Deckel etwa 60–90 Minuten grillen. Die Hähnchen sollten eine Kerntemperatur von etwa 80 °C haben, bevor sie vom Grill kommen.

Hauptspeisen

Bifteki – griechische Frikadellen

Bifteki – saftiger und würziger Fleischgenuss aus dem Herzen Griechenlands!

FÜR 6 STÜCK
ZEITBEDARF: 25 MINUTEN VORBEREITEN ·
2 STUNDEN KÜHLEN · 16 MINUTEN GRILLEN

ZUTATEN:
- 2 Knoblauchzehen
- 80 g entkernte grüne Oliven
- 1,2 kg Rinderhackfleisch
- ½ TL Salz
- ½ TL Pfeffer
- 2 EL Paniermehl oder Semmelbrösel
- 1 Ei
- 30 g griechisches Fleischgewürz
- 4 cl Ouzo
- 180 g Feta
- 2 Zweige Thymian
- ½ TL getrockneter Oregano

1. Die Knoblauchzehen schälen und in eine Schüssel pressen. Die Oliven klein hacken und mit dem Hackfleisch, Salz, Pfeffer, Paniermehl, Ei, dem griechischen Fleischgewürz und dem Ouzo zum Knoblauch geben. Nun alles gründlich vermengen.

2. Das Hackfleisch 2 Stunden im Kühlschrank ruhen lassen, damit sich die Aromen schön entfalten können.

3. Als Nächstes die Fleischmasse in 130-g-Portionen aufteilen, das sollte 12 Portionen für 6 Bifteki ergeben.

4. Aus 6 Portionen mit den Händen je nach Belieben runde oder rechteckige Fladen formen.

5. Nun den Feta in 6 gleich große Streifen schneiden. Den Thymian waschen, die Blättchen abzupfen und fein hacken.

6. In die Mitte jedes Fleischfladens 1 Fetastreifen legen und das Ganze mit etwas Thymian und Oregano bestreuen.

7. Aus den restlichen Fleischportionen 6 weitere runde oder eckige Fladen formen. Diese als Deckel auf die belegten Fladen setzen. Die Ränder gut verschließen, damit der Feta auf dem Grill nicht herausläuft.

8. Den Grill auf ca. 200 °C aufheizen. Das Fleisch währenddessen erneut in den Kühlschrank stellen.

9. Wenn die Temperatur erreicht ist, die Bifteki ca. 3 Minuten pro Seite scharf angrillen. Wichtig ist, das Fleisch in dieser Zeit in Ruhe zu lassen. Wendet man es zu früh, kann es sein, dass die Frikadelle zerfällt.

10. Danach die Bifteki noch 10 Minuten bei indirekter Hitze (150 °C) garen lassen. Wer sich bei der Temperatur unsicher ist, sollte ein Grillthermometer verwenden und die Kerntemperatur messen. Diese sollte bei ungefähr 70 °C liegen.

Hauptspeisen

Cheeseburger vom Grill

Cheeseburger sind tolle Burger – gerade, wenn man spontan Lust auf Burger hat, aber keinen großen Schnickschnack veranstalten möchte (oder es Sonntag ist und man damit arbeiten muss, was man im Haus hat). So simpel auch die Zutaten sind, es geht nichts über gute Cheeseburger.

FÜR 4 BURGER
ZEITBEDARF: 20-25 MINUTEN VORBEREITEN • 4-5 MINUTEN GRILLEN

ZUTATEN:

Für die Burger:

600 g Rinderhackfleisch
4 TL BBQ-Rub
1 Gemüsezwiebel
1 Tomate
4 Scheiben Cheddar
4 Scheiben Le Rustique
4 Burgerbrötchen
4 Scheiben Speck

Für die Sauce:

2 Zwiebeln
1–2 EL Sonnenblumenöl
500 ml Apfelsaft
5 EL BBQ-Sauce
2 TL scharfe Gewürzmischung

1. Rinderhack in einer Schüssel mit dem BBQ-Rub vermischen und 4 Patties daraus formen.
2. Gemüsezwiebel schälen, Tomate waschen und beides in Scheiben schneiden.
3. Für die Sauce die 2 Zwiebeln schälen, klein würfeln und in einer Pfanne mit Öl anbraten. Mit Apfelsaft ablöschen, BBQ-Sauce und Gewürzmischung dazugeben. Das Ganze einkochen lassen, bis die Sauce eine dicke Konsistenz hat.
4. Den Grill auf 200 °C direkte Hitze vorheizen.
5. Die Patties ungefähr 2 Minuten von jeder Seite scharf angrillen. Nur einmal wenden, damit sie nicht zerfallen.
6. Nach dem Wenden auf jeden Patty 1 Scheibe Cheddar und darauf 1 Scheibe Le Rustique legen und schön schmelzen lassen.
7. Parallel dazu die aufgeschnittenen Burgerbrötchen auf dem Grill anrösten und den Speck kurz von jeder Seite grillen.
8. Wenn die Patties so weit sind, die Cheeseburger zusammenbauen. Dafür etwas Sauce auf die Unterseite jedes Burgerbrötchens geben, darauf jeweils 1 Käsepatty, dann Zwiebel, Tomate und Speck legen. Zum Schluss noch einen guten Schuss Sauce darauftröpfeln und die Brötchenoberseiten als Deckel auflegen.

Chicken Wings

Chicken Wings gehören zu den Klassikern des American BBQ und erfreuen sich auch in Deutschland immer größerer Beliebtheit. Egal, ob als kleiner Snack am Anfang oder als Hauptspeise mit diversen Grillbeilagen, Chicken Wings schmecken immer gut.

FÜR CA. 20 STÜCK
ZEITBEDARF: 15 MINUTEN VORBEREITEN ·
3–4 STUNDEN KÜHLEN · 30 MINUTEN GRILLEN

ZUTATEN:
- 1 kg Hähnchenflügel
- 1 EL edelsüßes Paprikapulver
- 1 TL Salz
- 1 TL Pfeffer
- 1 EL Senf
- 2 EL Honig
- 2 EL passierte Tomaten
- 3 EL Pflanzenöl
- 3 EL Sojasauce
- 1 EL Tabasco

1. Zunächst die Flügel unter kaltem Wasser sorgfältig waschen und danach mit einem Küchenpapier trocken tupfen.

2. Für die Marinade vorab Paprikapulver, Salz und Pfeffer in einen großen Gefrierbeutel geben und vermischen. Erst danach Senf, Honig und die passierten Tomaten dazugeben und noch einmal alles gründlich vermischen.

3. Zuletzt Pflanzenöl, Sojasauce und Tabasco in den Beutel geben und erneut vermischen.

4. Anschließend die Hähnchenflügel in den Beutel mit der Marinade füllen. Den Beutel durchkneten, sodass die Flügel gut mit der Marinade überzogen sind. Die Chicken Wings mindestens 3–4 Stunden im Kühlschrank ruhen lassen.

5. Den Grill auf 200 °C vorheizen. Die Wings aus dem Beutel nehmen und bei indirekter Hitze 30 Minuten grillen.

Hauptspeisen

Chorizo-Wrap mit Guacamole

Aufgeschnitten als kleines Fingerfood für das Buffet oder als komplette Mahlzeit im Ganzen, der Chorizo-Wrap schmeckt zu jeder Gelegenheit.

FÜR 4 PORTIONEN
ZEITBEDARF: 20 MINUTEN VORBEREITEN · 11 MINUTEN GRILLEN

ZUTATEN:

Für die Wraps:

4 große Salatblätter (vorzugsweise Eisbergsalat)
2 kleine Karotten
je ½ gelbe und rote Paprika
½ rote Chilischote
1 rote Zwiebel
4 Chorizo-Würste
4 fertige Wraps
4 EL Mais (aus der Dose)

Für die Guacamole:

1 rote Zwiebel
1 Knoblauchzehe
½ Bund Koriander
1 Tomate
grobes Meersalz
2 reife Avocados
1 große Limette
Pfeffer

1. Zunächst Salat gut waschen und abtropfen lassen. Karotten, Paprikaschoten und Chilischote putzen und waschen. Die Zwiebel schälen.

2. Die Salatblätter und die Paprika in feine Streifen schneiden. Die Karotten mit einem Gemüsehobel fein raspeln. Die Zwiebel und die Chili hacken.

3. Den Grill auf 160 °C direkte Hitze vorheizen.

4. Die Chorizo-Würste der Länge nach aufschneiden und die Hälften bei direkter Hitze 5 Minuten pro Seite auf den Grill legen.

5. In der Zwischenzeit die Guacamole zubereiten Die Zwiebel und den Knoblauch schälen. Den Koriander waschen und trocken schütteln. Die Tomate waschen und den Stielansatz entfernen. Zwiebel, Koriander, Knoblauch und Tomate ganz fein würfeln. Mit 1 Prise grobem Meersalz in einen Mörser geben und mit einem Stößel zu einer Paste vermengen.

6. Die Avocados halbieren, entkernen und danach das Fruchtfleisch mit einem Löffel aus der Schale kratzen. Das Fruchtfleisch in einem Teller mit einer Gabel zerdrücken und cremig rühren. Die Gemüsepaste untermischen, den Saft der Limette darüberträufeln und Guacamole nach Belieben mit Salz und Pfeffer würzen.

7. Zu guter Letzt die Wraps 30 Sekunden pro Seite auf dem Grill anrösten. Dann die Wraps mit der Guacamole bestreichen, danach Zwiebel, Chili, Salat, Paprika, Karotte und Mais darauf verteilen. Anschließend auf jeden Wrap 2 Wursthälften legen, Wraps zusammenrollen – fertig ist der Chorizo-Wrap mit Guacamole. Buen provecho!

Chili-Koriander-Lachs

Plankenlachs, also auf einer Holzplatte gegrillter Lachs, gewinnt unter Grillern zunehmend an Beliebtheit. Beim Grillen auf der Planke wird das Grillgut – Fisch, Fleisch oder Gemüse – besonders schonend gegart und es besteht nicht die Gefahr, dass es anbrennt. Gleichzeitig nimmt das Grillgut das holzige Aroma der Planke auf, was ein außergewöhnliches Geschmackserlebnis ergibt. In den USA und Kanada ist diese Grillmethode wesentlich weiter verbreitet als in Europa, deshalb hier eine Anregung!

FÜR 4-6 PORTIONEN
ZEITBEDARF: 2-3 STUNDEN WÄSSERN · 20 MINUTEN VORBEREITEN ·
60-90 MINUTEN KÜHLEN · 15-20 MINUTEN GRILLEN

ZUTATEN:
50 g frischer Koriander
1-2 frische Chilischoten
2 Knoblauchzehen
1 EL Honig
1 EL Sesamöl
1 EL Sojasauce
1 EL Austernsauce
2 Bio-Zitronen
1 Lachsfilet mit Haut

Zubehör:
1 Holzplanke nach Wahl

1. Zur Vorbereitung die Planke 2–3 Stunden vor dem Grillen gut wässern. Hierzu am besten in eine Auflaufform legen, diese mit Wasser füllen und zum Beschweren eine Flasche auf die Planke stellen, damit sie vollständig unter Wasser ist. Das Wässern hat zur Folge, dass das Wasser in der Planke beim anschließenden Grillen verdampft und die im Holz enthaltenen Aromastoffe besser auf das Grillgut übergehen. Zudem verhindert das Wasser, dass die Planke Feuer fängt.

2. Für die Marinade Koriander waschen, trocken schütteln und hacken. Chilischoten waschen, putzen, Knoblauch schälen und beides klein schneiden. Die vorbereiteten Zutaten in einer Schüssel mit Honig, Sesamöl, Soja- und Austernsauce vermengen.

3. Die Zitronen waschen und abtrocknen. Den Saft von 1 Zitrone auspressen und die Schale abreiben. Beides zur Marinade geben und unterrühren.

4. Den Lachs unter fließend kaltem Wasser gründlich waschen und anschließend mit einem Küchenpapier trocken tupfen. Nun mit der Haut nach unten auf ein Schneidebrett legen und mit einem scharfen Messer im Abstand von circa 5–6 cm der Länge nach

einschneiden. Wichtig: Nur bis zur Haut schneiden und auf keinen Fall durchschneiden! Jetzt den Lachs kräftig mit der Marinade einpinseln. Am besten eignet sich hierzu ein Silikonpinsel.

5. Die zweite Zitrone in dünne Scheiben schneiden und diese in die Schnitte im Lachs stecken. Wenn es die Zeit erlaubt, den Lachs 60–90 Minuten in den Kühlschrank stellen, damit die Marinade gut einziehen kann.

6. Den Grill auf 180 °C vorheizen. Dabei eine direkte und eine indirekte Zone lassen.

7. Die nasse Planke über die direkte Hitze auf den Grill legen, bis sie leicht zu rauchen und knacken beginnt. Jetzt die Planke umdrehen und in die indirekte Zone des Grills legen. Temperatur des Grills auf 180 °C einstellen.

8. Den Plankenlachs mit der Hautseite nach unten auf die Planke legen und den Deckel des Grills schließen. Nach etwa 15–20 Minuten ist der Lachs fertig und sollte aromatisch und wunderbar saftig sein.

Gegrillte Dorade – einfach und schnell

Natürlich, leicht und super lecker. Fisch essen wie im Urlaub!

FÜR 1 PORTION
ZEITBEDARF: 10 MINUTEN VORBEREITEN • 20 MINUTEN GRILLEN

ZUTATEN:

1 Dorade, ca. 400 g (küchenfertig)
1 Bio-Zitrone
1 Zweig Thymian
1 Zweig Rosmarin
1 Chilischote
Olivenöl
Meersalz
grober Pfeffer
1 Bund Frühlingszwiebeln
50 g entkernte Oliven

1. Zuerst die Dorade gründlich auswaschen und mit einem Küchenpapier abtupfen.

2. Danach die Zitrone waschen, halbieren, den Saft aus einer Hälfte pressen und die andere Hälfte in Scheiben schneiden. Thymian und Rosmarin ebenfalls waschen, trocken schütteln und die Blätter vom Stiel entfernen. Chili waschen, putzen und klein hacken.

3. Die Kräuter mit dem Zitronensaft (etwas davon zum Servieren beiseitestellen), 2–3 EL Olivenöl, 1 TL Chili und etwas Meersalz sowie grobem Pfeffer in einer Schüssel zu einer Marinade vermischen. Den Fisch innen und außen damit bestreichen.

4. Die Frühlingszwiebeln putzen, waschen und wie die Oliven in feine Ringe schneiden. Beides mit den Zitronenscheiben in den Bauch des Fisches legen. Jetzt noch die Haut der Dorade an den Längsseiten mehrmals leicht einschneiden und ab damit auf den Grill.

5. Den Fisch bei 180 °C und geschlossenem Deckel für 6–8 Minuten pro Seite indirekt grillen. Danach noch einmal für 2 Minuten pro Seite in die direkte Hitze legen, um die Haut schön kross zu bekommen. Zum Servieren noch etwas Meersalz drüberstreuen und etwas Zitronensaft darüberträufeln.

Hauptspeisen

Teriyaki-Hähnchenspieße

Teriyaki-Hähnchenspieße sind eine willkommene Abwechslung auf dem Grill. Eine wunderbare Kombination aus süß und scharf – und dank Ingwer, Limette und Koriander mit einer schön frischen Note.

FÜR 4 PORTIONEN
ZEITBEDARF: 15 MINUTEN VORBEREITEN • 30 MINUTEN GRILLEN

ZUTATEN:

- 8 EL brauner Zucker
- 8 EL Reisessig
- 2 EL Sojasauce
- 3 EL Teriyaki-Sauce
- ½ EL Chilipulver
- ½ EL Sambal Oelek
- 3 EL Sriracha-Sauce (Chili-Knoblauch-Sauce)
- 1 cm frischer Ingwer
- 4 Hähnchenbrustfilets
- 4 kleine Zwiebeln
- 2 frische Chilischoten
- 1 Bund Koriander
- 1 Stück Limette

Zubehör:
4 Grillspieße

1. Die Sauce ist das Wichtigste für die Hähnchenspieße. Hierfür braunen Zucker, Reisessig, Sojasauce, Teriyaki-Sauce, Chilipulver, Sambal Oelek und Sriracha-Sauce in einem Topf vermischen. Den Ingwer schälen, hacken und dazugeben. Mischung zum Kochen bringen. Nach etwa 10 Minuten sollte die Sauce um die Hälfte eingekocht sein und eine zähe Konsistenz haben. Dann ist sie genau richtig. Sollte die Sauce zu fest geworden sein, einfach einen Schuss Wasser einrühren.

2. Die Hähnchenbrustfilets in ca. 2 cm große Würfel schneiden. Die Zwiebeln schälen und ebenfalls in 2 cm große Würfel schneiden. Nun abwechselnd Hähnchen und Zwiebel auf die Spieße stecken. Wenn Sie Holzspieße verwenden, müssen Sie diese 1 Stunde vor dem Grillen ins Wasser legen, damit sie nicht verbrennen.

3. Den Grill für indirektes Grillen vorbereiten und auf 180 °C aufheizen. Die Hähnchenspieße in den indirekten Grillbereich legen und den Deckel schließen. Insgesamt benötigen die Teriyaki-Hähnchenspieße etwa 30 Minuten, bis sie gar sind. In dieser Zeit alle 10 Minuten mit der Sauce bepinseln.

4. Währenddessen Chilischoten putzen, waschen und hacken. Koriander waschen, trocken schütteln und ebenfalls hacken.

5. Sobald die Hähnchenspieße fertig sind, mit etwas Limettensaft beträufeln sowie mit Chili und Koriander bestreuen. Dann steht dem Genuss nichts mehr im Wege!

Dry Aged Tomahawk Steak

Wer ein gutes Stück Fleisch zum Angeben sucht, der liegt mit einem solchen Dry Aged Tomahawk Steak genau richtig. Es handelt sich hierbei um das Entrecôte vom Rind, bei dem der Rippenknochen nicht entfernt worden ist. Das sieht nicht nur imposant aus – das Fleisch am Knochen hat darüber hinaus ein besonderes Aroma.

FÜR 2 PORTIONEN
**ZEITBEDARF: 5 MINUTEN VORBEREITEN •
50 MINUTEN GRILLEN • 5 MINUTEN RUHEZEIT**

ZUTATEN

- ca. 3 kg Dry Aged Tomahawk Steak
- 2 EL Öl (hitzebeständig, z. B. Sesamöl)
- 2 TL Salz
- 1 TL Pfeffer

1. Das Fleisch 2 Stunden vor dem Grillen aus dem Kühlschrank holen, damit der Temperaturunterschied beim Grillen nicht zu stark ist. Fleisch gründlich mit Öl, Salz und Pfeffer einreiben.

2. Den Grill zunächst auf 300 °C direkte Hitze einstellen.

3. Das Steak über direkter Hitze scharf angrillen. Optimale Ergebnisse liefert dabei ein gusseiserner Grillrost. Nach 2 Minuten das Steak auf derselben Seite um 90 Grad drehen – egal, ob gegen oder im Uhrzeigersinn. Dies sorgt für ein schönes Schachbrettmuster auf dem Fleisch. Nach weiteren 2 Minuten das Steak wenden und nach 2 Minuten wieder um 90 Grad drehen. Die Kruste ist nun perfekt, doch innen braucht es noch etwas Zeit.

4. Nach der starken Hitze zu Beginn die Temperatur nun auf 150 °C einstellen und das Steak über indirekter Hitze bei geschlossenem Deckel 45 Minuten ziehen lassen, bis eine Kerntemperatur von 58 °C erreicht ist. Die Kerntemperatur steigt anschließend noch um etwa 2 °C an.

5. Nach dem Grillen das Dry Aged Tomahawk Steak 5 Minuten unter Alufolie ruhen lassen, damit sich der durch die Hitze komprimierte Fleischsaft wieder gleichmäßig im Steak verteilen kann. Danach das Steak aufschneiden: zunächst den Knochen abtrennen, dann das Fleisch in Streifen schneiden und direkt vom Schneidebrett essen.

Espetadas – portugiesische Fleischspieße

Der pure Fleischgenuss am Spieß!
Die Espetadas sind außen schön knusprig und innen saftig zart.

FÜR 4 PORTIONEN
ZEITBEDARF: 30 MINUTEN VORBEREITEN ·
8 STUNDEN MARINIEREN · 20 MINUTEN GRILLEN

ZUTATEN:

- 1 kg Rumpsteak oder Rinderhüfte
- 4–5 Knoblauchzehen
- 20 Lorbeerblätter
- 50 ml Portwein
- 3 EL Rotweinessig
- 4 EL Olivenöl
- grober Pfeffer
- 6 rote Zwiebeln
- grobes Meersalz

Zubehör:

- 2 stabile Grillspieße

1. Am Vortag das Fleisch in ca. 4 × 4 cm große Würfel schneiden und in eine Schüssel geben.

2. Den Knoblauch schälen. Knoblauch fein hacken oder pressen und zum Fleisch geben. 3–4 Lorbeerblätter in der Hand zerdrücken und mit den restlichen Blättern, Portwein, Rotweinessig, Olivenöl und nach Belieben grobem Pfeffer zum Fleisch geben. Alles gut vermischen und Fleisch im Kühlschrank am besten über Nacht ziehen lassen.

3. Das Fleisch etwa 2 Stunden vor dem Grillen aus dem Kühlschrank holen und auf Raumtemperatur bringen. Die Zwiebeln schälen.

4. Nun die Spieße wie folgt bestücken: zuerst 2 Stücke Fleisch, dann 2 Lorbeerblätter, dann 1 ganze Zwiebel. Den Vorgang wiederholen, bis die Spieße voll sind und die Schüssel leer ist. Am Ende noch etwas grobes Meersalz über die Espetadas streuen.

5. Den Grill auf 180–200 °C einstellen.

6. Die Spieße auf den Grill legen und 2 Minuten von allen Seiten schön scharf angrillen. Dann 12 Minuten bei 140–160 °C zum Ziehen in den indirekten Bereich legen. Danach ist der Spieß fertig und bereit zum Verzehr. Traditionell schneidet man Espetadas mit einem scharfen langen Fleischmesser direkt vom Spieß auf den Teller.

Auf Madeira wird das Fleisch auf Lorbeeräste gespießt und über Lorbeerholz gegrillt. Da das hier nicht so einfach zu bekommen ist, empfehlen wir, ein paar Buchenholzchips in eine Räucherbox zu packen und mit auf den Grill zu legen. Das verleiht ein ganz besonderes Aroma.

Als Alternative zu Rindfleisch eignet sich auch Hähnchen. Dazu das Fleisch einfach ebenfalls in 4 × 4 cm große Würfel schneiden und 2–3 Stunden in einer Marinade aus Zitronenscheiben, Hähnchen-Rub, etwas Olivenöl, gehackter Chili und einem Schuss Rum einlegen. Die Fleischwürfel abwechselnd mit Zitronenscheiben aufspießen und grillen.

Hauptspeisen

Forelle von der Planke

Forelle von der Planke ist ein ganz besonderes Gericht vom Grill. Wir haben den Fisch mit einer Senf-Dill-Glasur überzogen und auf einer Zedernholzplanke zubereitet.

FÜR 4 PORTIONEN
ZEITBEDARF: 9 STUNDEN WÄSSERN · 25 MINUTEN VORBEREITEN · 15–20 MINUTEN GRILLEN

ZUTATEN:

- 2 Forellen (alternativ 4 Forellenfilets)
- 10 g frischer Dill
- 90 g Mayonnaise
- 2 TL brauner Zucker
- 50 g Dijon-Senf
- 2 EL Don Marco's Carolina Mustard Rub
- 1 TL Pfeffer
- 2 TL Salz
- frische Kräuter nach Belieben

Zubehör:

- 2 Zedernholzplanken

Der Geschmack der Forelle von der Planke ist einfach sensationell. Das Zedernholz und die Kräuter verleihen dem Fisch ein wahnsinnig intensives Aroma, das hervorragend zu der sehr würzigen Glasur passt. Ein tolles Gericht und nicht schwer zuzubereiten.

1. Die Zedernholzplanken circa 9 Stunden vor dem Grillen ins Wasser legen und mit einem schweren Gegenstand beschweren.

2. Die Fische filetieren und die Haut entfernen, damit die Aromen der Zedernholzplanke, der Kräuter und der Glasur gut in das Fleisch eindringen können.

3. Den Grill auf 150 °C indirekte Hitze einstellen.

4. Zunächst die Planken mit der Oberseite auf die direkte Hitze des Grills legen und so lange grillen, bis sie nach etwa 3–5 Minuten zu knistern und zu rauchen beginnen. Die Planken umdrehen und in einen Bereich mit indirekter Hitze ziehen.

5. Für die Glasur den Dill waschen, trocken schütteln und hacken. In einer Schüssel mit Mayonnaise, Zucker, Dijon-Senf, Mustard-Rub, Pfeffer und Salz zu einer cremigen Masse verrühren. Die Forellenfilets großzügig mit der Senf-Dill-Glasur bestreichen.

6. Die frischen Kräuter (z. B. Rosmarin und Dill) waschen, trocken schütteln und mit den Fingern leicht zerreiben. Auf die Planken geben, den Fisch darauflegen und den Deckel schließen. Nach etwa 12–15 Minuten sollten die Forellenfilets fertig sein.

Gegrillte Garnelen mit Chilikräuterbutter

Leckere Krustentiere mit einem feurig scharfen Kick – am besten sofort ausprobieren!

FÜR 4 PORTIONEN
ZEITBEDARF: 15 MINUTEN VORBEREITEN • 10 MINUTEN GRILLEN

ZUTATEN:

- 16 Kirschtomaten
- ½ rote Chilischote
- 1 Zweig Rosmarin
- 16 rohe Garnelen ohne Darm, ungeschält (am besten Black Tiger)
- 2–3 EL Kräuterbutter
- Saft von ½ Zitrone
- grober schwarzer Pfeffer

Zubehör:

- Alu-Grillschale
- 4 Holzspieße

1. Als Erstes den Grill auf 160 °C vorheizen, denn die Vorbereitung der Garnelen dauert nicht lange.

2. Die Tomaten waschen. Die Chilischote putzen (Kerne entfernen), waschen und fein hacken. Wer es scharf mag, kann die Kerne behalten. Den Rosmarin waschen und trocken schütteln.

3. Nun jeweils 4 Garnelen und 4 Kirschtomaten abwechselnd auf 1 Holzspieß stecken. Die Spieße auf den Grill legen und pro Seite 2 Minuten auf direkter Hitze grillen. Danach die Garnelenspieße in eine Alu-Grillschale legen und die Hitze vom Grill auf 100–120 °C regulieren. Die Kräuterbutter, die gehackte Chili und den Rosmarin in die Grillschale geben und diese wieder auf den Grill stellen. Sobald die Kräuterbutter geschmolzen ist, mit einem Löffel die Garnelen damit begießen. Nach 1 Minute die Spieße noch einmal wenden.

4. Zum Schluss den Zitronensaft und etwas groben Pfeffer auf die Spieße geben und Garnelen noch einmal mit dem Sud übergießen. Nach 10 Minuten sind die Spieße fertig.

Hähnchenspieße mit scharfer Himbeermarinade

Hähnchenspieße gehören zum Grillen einfach dazu und erfreuen sich bei Jung und Alt großer Beliebtheit.

FÜR 6 SPIESSE
ZEITBEDARF: 15 MINUTEN VORBEREITEN · 22-23 MINUTEN GRILLEN

ZUTATEN:
- 600 g Hähnchenbrust
- 3 EL scharfe Paprikapaste
- 4 EL Himbeer-Balsamico-Essig
- 4 EL Blütenhonig
- Salz
- Pfeffer

Zubehör:
- 4 Holzspieße

1. Die Hähnchenbrust von eventuell vorhandenen Sehnen sowie Fett befreien und in etwa 2 x 2 cm große Würfel schneiden.

2. Die Paprikapaste und den Himbeer-Balsamico-Essig in einer kleinen Schüssel verrühren. Den Honig dazugeben und einarbeiten, bis sich der Honig mit den anderen Zutaten verbunden hat. Abschließend mit Salz und Pfeffer abschmecken.

3. Die Hähnchenwürfel gleichmäßig auf die Holzspieße verteilen. Sie können natürlich auch wiederverwendbare Grillspieße aus Edelstahl benutzen.

4. Die Marinade mit einem Pinsel so auf die Spieße streichen, dass die Fleischstücke von allen Seiten damit überzogen sind. Noch etwas von der Marinade aufbewahren, um die Spieße damit im Finish zu glasieren.

5. Den Grill auf 200 °C einheizen und die Spieße bei indirekter Hitze auf jeder Seite 10 Minuten grillen. Das Grillgut dann kurz vom Grill nehmen und die restliche Marinade darauf verteilen. Abschließend die Spieße weitere 2–3 Minuten bei 230 °C direkter Hitze braten. Durch den Honig in der Marinade ergibt sich eine schöne Glasur.

Haxen vom Grill

FÜR 2-3 PORTIONEN
ZEITBEDARF: 10 MINUTEN VORBEREITEN • 15 MINUTEN RUHEZEIT •
MINDESTENS 90 MINUTEN GRILLEN

ZUTATEN:
- 2 frische Haxen
- grobes Meersalz
- Gewürzmischung für Haxen oder Schweinebraten

Zubehör:
- feuerfeste Abtropfschale
- Grillthermometer

1. Die Haxen abwaschen und mit Küchenpapier trocken tupfen. Die dicke Schwarte bleibt, das andere sichtbare Fett entfernen. Mit einem scharfen Messer die Schwarte längs und quer einschneiden (Rautenmuster, etwa 3 x 3 cm). Die darunter liegende Fleischschicht dabei möglichst nicht verletzen.

2. Reichlich Meersalz in die entstandenen Zwischenräume der Schwarte einmassieren und 15 Minuten einwirken lassen.

3. Dann das Fleisch der Haxen mit der Gewürzmischung würzen.

4. Den Grill auf 180 °C im indirekten Bereich vorheizen. Eine feuerfeste Abtropfschale für Fett und Bratensaft zentral unter dem Rost platzieren. Die Haxen im indirekten Bereich des Grills platzieren und mindestens 90 Minuten bei geschlossenem Deckel durchgaren. Die Garzeit ist je nach Größe der Haxe unterschiedlich. Am besten arbeitet man daher mit einem Grillthermometer. Wenn die Kerntemperatur 80–85 °C erreicht hat, ist die Haxe fertig.

Involtini – gegrillte italienische Putenrouladen

Mediterrane Rouladen mit einer köstlichen Füllung, die einen an die Toskana denken lässt.

FÜR 3 PORTIONEN
ZEITBEDARF: 20 MINUTEN VORBEREITEN · 24–30 MINUTEN GRILLEN

ZUTATEN:
- 6 Putenschnitzel
- Salz
- Pfeffer
- 175 g Frischkäse
- getrocknete italienische Kräuter nach Belieben
- 100 g getrocknete Tomaten
- 6 Scheiben Parmaschinken
- 18 Blätter Basilikum

Zubehör:
Grillthermometer

1. Die Putenschnitzel auf ein Brett legen und mit Frischhaltefolie bedecken. Dann mit dem Fleischklopfer klopfen, bis das Fleisch ca. 2–3 mm dick ist. Wenn Sie keinen Fleischklopfer haben, eignet sich auch eine Pfanne oder ein schwerer Topf.

2. Die Schnitzel mit Salz und Pfeffer würzen. Danach mit dem Frischkäse bestreichen und die italienischen Kräuter darüberstreuen. Die getrockneten Tomaten, den Parmaschinken und die Basilikumblätter gleichmäßig darauf verteilen.

3. Für das Zusammenrollen der Schnitzel die Seiten ein wenig einklappen und das Fleisch dann langsam aufrollen und mit 2–3 Zahnstochern fixieren.

4. Den Grill auf 220 °C erhitzen und die Rouladen bei direkter Hitze 4–5 Minuten von allen Seiten schön angrillen. Danach die Rouladen ca. 20–25 Minuten bei 160 °C indirekter Hitze gar ziehen lassen. Die Garzeit kann je nach Dicke der Rouladen etwas variieren. Im Zweifelsfall die Kerntemperatur mit dem Grillthermometer überprüfen. Sie sollte bei 70 °C liegen, dann ist das Fleisch durch.

Natürlich eignen sich auch Schweineschnitzel oder Hähnchen statt Pute für das Rezept. Das Basilikum lässt sich gut durch Salbei ersetzen.

Krustenbraten vom Grill

Die krosse Schweineschwarte knackt beim Zerbeißen und das saftige, zarte, aromatische Fleisch zergeht auf der Zunge.

FÜR 8 PORTIONEN
ZEITBEDARF: 20 MINUTEN VORBEREITEN ·
2–3 STUNDEN RUHEZEIT · 90–120 MINUTEN GRILLEN

ZUTATEN:

Für den Braten:

2 kg Schweineschulter mit dicker Schwarte
grobes Meersalz
150 ml Wasser
330 ml Vulkan Pale Ale
50 ml naturtrüber Apfelsaft
4 EL BBQ-Rub

Für die Glasur:

30 ml naturtrüber Apfelsaft
50 ml Vulkan Pale Ale
4 EL Ahornsirup

Zubehör:

Marinierspritze
Räucherröhre
Apfelräucherchips
Grillthermometer

1. 2–3 Stunden vor dem Grillen die Fettschicht der Schweineschulter längs und quer einschneiden (Rautenmuster). Nicht zu tief schneiden, damit das Fleisch unversehrt bleibt.

2. 2 Handvoll grobes Meersalz in eine Schüssel mit ca. 150 ml kaltem Wasser geben und verrühren, bis sich das Salz aufgelöst hat. Danach den Braten mit der eingeschnittenen Haut in die Salzlake legen und für 2–3 Stunden im Kühlschrank ziehen lassen. Wichtig: Nur die eingeschnittene Fettschicht sollte in der Lake liegen, nicht der ganze Braten. Denn das Salz entzieht dem Fett Flüssigkeit und sorgt dafür, dass die Kruste später schön knackig wird.

3. In der Zwischenzeit die Marinade vorbereiten. Dazu 330 ml Vulkan Pale Ale, 50 ml Apfelsaft und 2 EL BBQ-Rub in einer Schüssel verrühren und mit der Marinierspritze aufziehen.

4. Nach der Ruhezeit den Braten aus der Lake heben, die überschüssige Salzlake mit einem Küchenpapier vom Fleisch tupfen und die Marinade einspritzen. Den Braten anschließend gründlich mit dem restlichen BBQ-Rub einreiben.

5. Den Grill auf 170–180 °C vorheizen und eine Räucherröhre mit Apfelräucherchips dazulegen. Den Braten mit einem Grillthermometer im indirekten Bereich platzieren. Dort bleibt das Fleisch für ca. 1 ½ Stunden und gart, bis es eine Kerntemperatur von 70 °C hat.

6. In der Zwischenzeit in einer Schüssel Apfelsaft, Vulkan Pale Ale und Ahornsirup für die Glasur verrühren.

7. Wenn das Fleisch die 70 °C Kerntemperatur erreicht hat, die Hitze des Grills etwas höher drehen, etwa auf 220 °C. Die Schwarte mit der Glasur bepinseln. Durch die Hitze karamellisiert der Sirup und die Schwarte wird noch knuspriger. Das Bepinseln ruhig zweimal wiederholen.

8. Wenn der Braten eine Kerntemperatur von 75 °C erreicht hat, vom Grill nehmen, da das Fleisch dann optimal ist.

Lachsburger mit Orangen-Chili-Mayonnaise

Burger einmal anders, aber mindestens genauso lecker wie sein Pendant mit Fleisch von der Weide!

FÜR 4 PORTIONEN
ZEITBEDARF: 20 MINUTEN VORBEREITEN · 8–10 MINUTEN GRILLEN

ZUTATEN:

Für die Mayonnaise:
- 2 frische Eigelbe
- 1 Prise Salz
- 1 Prise Pfeffer
- 4 TL frisch gepresster Zitronensaft
- 1 TL mittelscharfer Senf
- 400 ml neutrales Öl (z. B. Sonnenblumenöl)
- 1 Chilischote
- 1 TL Orangenabrieb

Für den Burger:
- 4 gehäutete Lachssteaks à 150 g (nicht zu dick)
- Olivenöl
- Salz
- Pfeffer
- 1 Eichblattsalat (oder Eisbergsalat)
- 1 Tomate
- 1 Stück Salatgurke (ca. 6 cm)
- 1 Frühlingszwiebel
- 4 Burgerbrötchen

1. Zunächst die Orangen-Chili-Mayonnaise zubereiten und kalt stellen. Für das Gelingen der Mayonnaise ist es wichtig, dass sowohl Öl als auch Eigelbe Zimmertemperatur haben. Eigelbe, Salz, Pfeffer, Zitronensaft und Senf in ein schmales Gefäß geben und mithilfe eines Stabmixers verrühren. Nach und nach etwas Öl hinzugeben, während der Mixer auf kleinster Stufe weiterläuft. Nach kurzer Zeit entsteht eine feste, cremige Mayonnaise.

2. Die Chilischote putzen, waschen und hacken. Mit dem Orangenabrieb unter die Mayonnaise rühren und das Ganze mit Salz und Pfeffer abschmecken. Dann Mayonnaise in den Kühlschrank stellen.

3. Den Grill auf 180 °C vorheizen.

4. Die Lachssteaks mit etwas Olivenöl bestreichen, damit sie nicht am Grillrost kleben bleiben. Dann mit Salz und Pfeffer würzen und auf den Grill legen. Nach 5–6 Minuten die Steaks einmal wenden, dann weitere 3–4 Minuten grillen. Während der Lachs auf dem Grill liegt, die restlichen Zutaten vorbereiten. Ein paar Salatblätter abzupfen, waschen und trocken schütteln. Tomate, Gurke und Frühlingszwiebel putzen, waschen und in dünne Scheiben bzw. Ringe schneiden.

5. Die Burgerbrötchen in den letzten 2 Minuten der Garzeit mit auf den Grill legen, damit sie schön angeröstet werden.

6. Wenn der Lachs und die Brötchen gar sind, die Mayonnaise aus dem Kühlschrank holen und den Deckel und den Boden der Brötchen damit bestreichen. Anschließend die Brötchenunterseiten mit Salat, Gurke, Tomate und Lachs belegen. Ein paar Frühlingszwiebelringe auf den Lachs streuen und die Brötchenoberseiten als Deckel auflegen.

Hauptspeisen

Lammkarree vom Grill

Zartes Lammfleisch und eine mediterrane Marinade
sind eine unwiderstehliche Kombination.

FÜR 4 PORTIONEN
**ZEITBEDARF: 20 MINUTEN VORBEREITEN ·
1 NACHT RUHEZEIT · 25 MINUTEN GRILLEN**

ZUTATEN:
- 800 g Lammkarree
- 3–4 Zweige Thymian
- 3–4 Zweige Rosmarin
- 1 TL getrocknete Lavendelblüten
- 2 TL grober Pfeffer
- 4 Lorbeerblätter
- 300 ml Olivenöl
- 3–4 Knoblauchzehen
- grobes Meersalz

Zubehör:
Grillthermometer

1. Zunächst überschüssiges Fett und die Silberhaut vom Lamm entfernen, denn die Silberhaut wird später zäh und verhindert das Eindringen der Marinade. Dazu einfach das Fett mit einem Messer abschneiden, die Silberhaut an einer Seite leicht einritzen und anschließend vom Fleisch abziehen. Das Fett oben an den Rippenknochen ebenfalls mit einem kleinen Küchenmesser abschaben und die feine Membran zwischen den Knochen leicht einschneiden.

2. Rosmarin und Thymian waschen, trocken schütteln und die Blätter von den Stielen streifen. Dann mit einem Messer fein hacken. Die gehackten Kräuter mit den Lavendelblüten, Pfeffer, den zerdrücken Lorbeerblättern und dem Olivenöl in eine große Schüssel geben. Den Knoblauch andrücken und ebenfalls dazugeben. Jetzt das Lammfleisch in die Marinade legen und über Nacht im Kühlschrank ziehen lassen.

3. Das Fleisch 2 Stunden vor dem Grillen aus der Kühlung nehmen, damit es wieder auf Raumtemperatur kommt.

4. Den Grill auf 200 °C vorheizen und das Karree 4 Minuten bei direkter Hitze mit der Fleischseite auf den Grillrost legen. Danach die Temperatur auf ca. 140–150 °C reduzieren und das Lammkarree für 20 Minuten auf die Knochenseite wenden. So zieht es nun indirekt gar. Die Kerntemperatur für medium gegartes Lamm sollte bei ca. 58 °C liegen. Zur Sicherheit verwenden Sie am besten ein Grillthermometer. Die Veränderung von medium zu durch geht bei Lammfleisch sehr schnell, sodass ohne Thermometer die Gefahr besteht, dass es zäh wird.

Hauptspeisen

Hauptspeisen

Pulled-Chicken-Burger

Zartes Hähnchen saftig gegart mit einem dezenten Raucharoma und einem Klecks BBQ-Sauce – einfach lecker!

FÜR 4 BURGER
ZEITBEDARF: 10 MINUTEN VORBEREITEN • 150–180 MINUTEN GRILLEN

ZUTATEN:

- 4 Hähnchenkeulen
- 1 EL Sonnenblumenöl
- BBQ-Rub
- 1 Schalotte
- 1 rote Chilischote
- 2 TL Chipotle-Sauce (Tabasco)
- 1 Limette
- 4 Burgerbrötchen
- 150 ml BBQ-Sauce

Zubehör:

Räucherbox
Kirschräucherchips
Fleischkrallen
Gusseisenpfanne

1. Zunächst die 4 Hähnchenkeulen mit etwas Sonnenblumenöl einpinseln und danach den BBQ-Rub großzügig darüberstreuen. Das Fleisch sollte komplett mit dem Rub bedeckt sein.

2. Den Grill auf ca. 100–120 °C vorheizen und die Räucherbox mit einer Handvoll Räucherchips auf die Brenner legen. Die Schenkel werden im indirekten Bereich 2,5–3 Stunden langsam gegart.

3. Danach die Haut von den Schenkeln einfach abziehen und mithilfe der Fleischkrallen das Fleisch von den Knochen lösen bzw. zupfen. Das geht natürlich auch mit zwei Gabeln, mit den Krallen sieht es aber cooler aus und macht mehr Spaß!

4. Die Schalotte schälen und würfeln. Die Chilischote putzen, waschen und hacken. Beides mit der abgelösten Haut in eine gusseiserne Pfanne geben und die Haut schön knusprig braten. Die Zugabe von weiterem Fett ist nicht nötig, da die Haut fettig genug ist. Zum Schluss die Chipotle-Sauce sowie den ausgepressten Limettensaft unterrühren. Die Burgerbrötchen kurz auf beiden Schnittseiten anrösten.

5. Das zerzupfte Hähnchenfleisch mit BBQ-Sauce vermischen und die gebratene Haut dazugeben. Diese Mischung auf den Brötchenunterseiten verteilen und die Brötchenoberseiten als Deckel auflegen.

Souvlaki – griechische Spieße vom Grill

Ein Hauch von Griechenland im eigenen Garten!

FÜR 8 SPIESSE
**ZEITBEDARF: 20 MINUTEN VORBEREITEN ·
15–20 MINUTEN RUHEZEIT · 14–16 MINUTEN GRILLEN**

ZUTATEN:

1200 g Schweinefleisch (am besten Schweinenacken)
2 Bio-Zitronen
5–6 EL Souvlaki-Gewürz
500 ml gutes Olivenöl

Zubehör:

8 Grillspieße aus Edelstahl oder Holz

1. Als Erstes muss das Fleisch portioniert werden. Dafür das grobe, überschüssige Fett mit einem Messer entfernen. Ein wenig Fett am Fleisch lassen, damit es später schön saftig bleibt und mehr Geschmack hat. Danach das Fleisch in etwa 2–3 cm große Würfel schneiden.

2. Nun den Grill vorheizen, dabei am besten zwei Brenner für das direkte Grillen auf voller Leistung laufen und den dritten Brenner aus lassen. So entstehen ein direkter Bereich (ca. 200 °C) und ein indirekter Garbereich (ca. 160 °C).

3. Während der Grill auf Temperatur kommt, das Fleisch marinieren. Dazu die Fleischwürfel in eine Schüssel geben, den Saft von 1 Zitrone, 3–4 EL Souvlaki-Gewürz sowie 400 ml Olivenöl hinzufügen und alles gründlich vermengen, bis das Fleisch gut mit der Marinade überzogen ist. Danach das Fleisch in die Kühlung stellen und 15–20 Minuten ruhen lassen.

4. Wenn die Grilltemperatur stimmt, das Fleisch gleichmäßig auf die Spieße verteilen und diese auf den Grill legen, anfangs in die direkte Hitze für ca. 3 Minuten pro Seite, damit sich eine schöne Kruste bildet. Danach die Spieße in den indirekten Bereich legen und dort noch 8–10 Minuten ziehen lassen.

5. Währenddessen das übrige Souvlaki-Gewürz mit dem restlichen Olivenöl und dem Saft von 1 Zitrone in einer Schüssel vermischen. Wenn die Spieße gar sind, mit dieser Marinade einstreichen und servieren.

Hauptspeisen

Wenn Sie Holzspieße verwenden, müssen Sie sie 1 Stunde vor dem Grillen ins Wasser legen, damit das Holz beim Grillen nicht verbrennt.

Thunfischspieße mit scharfem Erdnusscrunch

Thunfisch einmal ganz anders und mit einem besonderen Pfiff!

FÜR 4 PORTIONEN
**ZEITBEDARF: 10 MINUTEN VORBEREITEN •
20 MINUTEN RUHEZEIT • 10–14 MINUTEN GRILLEN**

ZUTATEN:
- 800 g Thunfisch (am besten am Stück)
- 4 EL Sriracha-Sauce (Chili-Knoblauch-Sauce)
- 3 Limetten
- 3 EL Sojasauce
- 1 EL grober Pfeffer
- 1 Prise Salz
- 150 g ungesalzene Erdnüsse

Zubehör:
- 4 Holzspieße

1. Zunächst den Thunfisch gut unter kaltem Wasser abwaschen und danach mit Küchenpapier abtupfen. Dann den Fisch in ca. 3 cm große Würfel schneiden.

2. Sriracha-Sauce, ausgepressten Saft der Limetten, Sojasauce, Pfeffer und Salz in einer Schüssel vermischen. Dann die Thunfischwürfel dazugeben. Fisch und Marinade ordentlich vermengen und abgedeckt für ca. 20 Minuten in den Kühlschrank stellen, damit die Marinade schön einziehen kann.

3. In der Zwischenzeit den Grill auf 180 °C vorheizen, dabei darauf achten, dass die Spieße später in einen indirekt Grillbereich gelegt werden können.

4. Die Erdnusskerne in einen Gefrierbeutel füllen und mit einem Fleischklopfer oder einer Pfanne leicht zerdrücken.

5. Die Thunfischwürfel gleichmäßig auf die Spieße verteilen und auf den Grill legen. Bei indirekter Hitze 5–6 Minuten pro Seite grillen.

6. Die zerdrückten Erdnüsse auf einen flachen Teller geben, die Spieße vom Grill holen und in den Erdnüssen wenden. Damit die Erdnusspanade noch ein paar Röstaromen bekommt, die Spieße noch einmal 2 Minuten bei direkter Hitze auf den Grill legen und wenden. Das muss aber nicht zwingend sein. Auch ungeröstet schmeckt die Panade schön crunchy.

Thunfischsteak vom Grill

Dieser Grillgenuss ist eine leckere und gesunde Alternative zum üblichen Rindersteak.

FÜR 4 STEAKS
ZEITBEDARF: 10 MINUTEN VORBEREITEN • 6–8 MINUTEN GRILLEN

ZUTATEN:
- 800 g Thunfisch
- 1 Limette
- 2–3 EL Olivenöl
- 2 Knoblauchzehen
- 2–3 Frühlingszwiebeln
- 1 Prise grober schwarzer Pfeffer
- 1 Prise grobes Meersalz

1. Zunächst den Thunfisch unter kaltem Wasser abwaschen und danach mit Küchenpapier gut abtupfen. Sofern Sie den Fisch am Stück gekauft haben, schneiden Sie nun 4 schöne, 2–3 cm dicke Steaks à 200 g daraus.

2. Den Grill auf 230 °C vorheizen.

3. Da der schöne Geschmack des Thunfischs nicht verfälscht werden soll, werden die Steaks vorher nicht mariniert. Den Thunfisch einfach auf den Grillrost legen und den Deckel schließen. Pro Seite 2–3 Minuten auf direkter Hitze angrillen. Der Fisch hat nun ein richtig schönes Grillmuster bekommen. Anschließend die Fischsteaks noch 2 Minuten bei indirekter Hitze (140 °C) ruhen und ziehen lassen.

4. Währenddessen die Limette auspressen und den Saft in einer Schüssel mit dem Olivenöl vermischen. Eine Limette eignet sich besser als eine Zitrone, da ihre Säure nicht so intensiv ist und daher besser mit dem Fisch harmoniert.

5. Den Knoblauch schälen, fein hacken und zu dem Öl geben. Die Frühlingszwiebeln putzen, waschen und in feine Röllchen schneiden.

6. Wenn der Fisch fertig ist, vom Grill nehmen und mit Pfeffer und Salz bestreuen. Die Limetten-Öl-Mixtur darüberträufeln und die Frühlingszwiebelröllchen darauf verteilen.

Entsprechend der oben angegebenen Garzeit und Dicke der Steaks ist der Fisch nach dem Grillen innen noch leicht roh. Soll der Thunfisch ganz durch sein, einfach noch 2 Minuten länger ziehen lassen.

Hauptspeisen

Paella – spanische Reispfanne

Paella – ein leckeres spanisches Traditionsgericht mit Reis, Fleisch, Meeresfrüchten und Gemüse direkt aus der Pfanne.

FÜR 4-6 PORTIONEN
ZEITBEDARF: 20 MINUTEN VORBEREITEN • 40 MINUTEN GRILLEN

ZUTATEN:

- 1 Gemüsezwiebel
- 100 g Champignons
- 100 g grüne Bohnen
- 100 g Hähnchenfilet
- 100 g Schweinenacken
- 100 g Rinderhüfte
- 100 g Hasenkeule
- 100 g frische Tintenfischringe
- 200 g Garnelen mit Schale
- 150 g Miesmuscheln
- 100 ml Sonnenblumenöl
- 300 g geschälte Tomaten
- 500 g Paellareis
- 2–3 EL Paella-Würzmischung
- Salz
- Pfeffer
- 1 l Gemüsebrühe
- 100 g eingelegte Paprika

Zubehör:

Paellapfanne mit Gasbrenner

1. Zunächst das Gemüse vorbereiten: Die Zwiebel schälen und in kleine Würfel schneiden. Champignons säubern und halbieren, die Bohnen putzen und waschen. Hähnchenfilet, Schweinenacken, Rindfleisch, das Fleisch der Hasenkeule sowie die Tintenfischringe in mundgerechte Würfel schneiden.

2. Nun zunächst die Garnelen und die Muscheln säubern und in der Paellapfanne mit Öl scharf anbraten. Sobald sich die Schalen der Muscheln öffnen, beides herausnehmen und beiseitestellen.

3. Als Nächstes Champignons, Bohnen, Tintenfischringe und das Fleisch in die Pfanne geben und ca. 5 Minuten anbraten, je nach Dicke der Fleischwürfel. Nach der Hälfte der Zeit die Zwiebeln dazugeben. Sobald Fleisch und Gemüse gar sind, kommen die geschälten Tomaten hinzu.

4. Jetzt folgt der Reis, der ebenfalls kurz mit angebraten wird. Alles mit Paella-Würzmischung sowie Salz und Pfeffer würzen. Danach mit der heißen Gemüsebrühe aufgießen und Paella ca. 12 Minuten köcheln lassen. Zwischendurch immer wieder rühren, damit die Brühe in den Reis einzieht und nichts anbrennt.

5. Zum Schluss Muscheln und Garnelen auf die Paella legen und 5 Minuten mitgaren. Die Paella mit eingelegter Paprika garnieren und sofort heiß servieren.

Gut schmeckt auch, wenn Sie vor dem Servieren etwas Zitronensaft auf die Paella träufeln. Bei großem Hunger passen Pimientos de Padrón als Vorspeise ausgezeichnet dazu.

Veggie-Burger mit Manchego-Käse

Dieser vegetarische Burger mit mediterranem Flair eignet sich wunderbar für warme Sommertage und Genießer, die gerne auf Fleisch verzichten.

FÜR 4 BURGER
ZEITBEDARF: 15 MINUTEN VORBEREITEN • 10–16 MINUTEN GRILLEN

ZUTATEN:

Für die Burger:
- 4 große Champignons
- 1 Zucchini
- 1 Aubergine
- 1 rote Paprika
- 1 rote Zwiebel
- je 1 Zweig Thymian und Rosmarin
- 1–2 EL Olivenöl
- 1 TL getrockneter Oregano
- 4 Burgerbrötchen
- 120 g Manchego-Käse (spanischer Hartkäse aus Ziegenmilch)

Für die Olivenmayonnaise:
- 1 frisches Ei
- ½ EL mittelscharfer Senf
- 200 ml Olivenöl
- ½ EL Apfelessig
- 1 Prise Salz
- 1 Prise grober Pfeffer
- 4–5 entkernte grüne Oliven

Zubehör:
Alu-Grillschale

1. Zunächst das Gemüse waschen und putzen. Die Zwiebel schälen. Die vorbereiteten Zutaten in große Stücke bzw. 1 cm dicke Scheiben schneiden und in eine Schüssel geben.

2. Thymian und Rosmarin waschen, trocken schütteln, die Blätter von den Stielen zupfen und hacken. Mit dem Olivenöl und dem Oregano unter das Gemüse mischen.

3. Den Grill auf 150 °C direkte Hitze vorheizen.

4. Nun das Gemüse am besten in einer Grillschale verteilen und in die direkte Hitze des Grills legen. 5–8 Minuten grillen (je nach Dicke), dann einmal wenden und erneut 5–8 Minuten grillen. Das Gemüse sollte noch einen leichten Biss haben und von beiden Seiten schön angeröstet sein, dann ist es fertig.

5. In der Zwischenzeit die Olivenmayonnaise zubereiten. Damit die Mayonnaise gelingt, müssen alle Zutaten Zimmertemperatur haben. Das Ei und den Senf in einer Schüssel mit dem Stabmixer verrühren. Anschließend ganz langsam das Olivenöl hinzugeben, dabei den Mixer auf kleiner Stufe weiterlaufen lassen, bis die Masse schön cremig und gebunden ist. Zu guter Letzt Essig, Salz und Pfeffer unterrühren. Die Oliven in sehr feine Stücke hacken und unter die Mayonnaise heben.

6. Wenn das Gemüse fast fertig ist, die Brötchen mittig aufschneiden und kurz von beiden Seiten auf dem Grill anrösten.

7. Abschließend noch den Manchego in feine Scheiben schneiden. Da nun alle Komponenten fertig sind, können die Burger zusammengebaut werden. Auf die Brötchenunterseiten etwas Mayonnaise streichen, darauf das Gemüse anrichten und ein paar Scheiben vom Manchego obenauf legen. Die Brötchenoberseiten als Deckel aufsetzen – fertig ist der Veggie-Burger.

Für ein gutes Gelingen der Mayonnaise ist es wichtig, dass alle Zutaten wirklich frisch sind und Zimmertemperatur haben.

Hauptspeisen

Surf-and-Turf-Burger vom Grill

Surf and Turf, also Fisch und Fleisch, zusammen auf einem Burger? Die beliebte Kombination aus saftigemn Steak und herrlichem Hummerschwanz oder Garnelen kann auch auf einen superleckeren Burger übertragen werden.

FÜR 2 PORTIONEN
ZEITBEDARF: 20 MINUTEN VORBEREITEN •
2–3 STUNDEN KÜHLEN • 4–5 MINUTEN GRILLEN

ZUTATEN:
- 4 Garnelen
- 1 EL Gewürzmischung für Fisch und Scampi
- Olivenöl
- 2 Burgerbrötchen
- 2 Burgerpatties à 150 g
- 4 Kirschtomaten
- 4 Salatblätter
- 2 EL Knoblauchsauce
- 2 EL Chimichurri

1. Zunächst die Garnelen unter kaltem Wasser abwaschen und anschließend auf Küchenpapier abtropfen lassen.

2. Gewürzmischung für Fisch und Scampi mit einem kleinen Schuss Olivenöl in einer Schüssel verrühren. Die Garnelen dazugeben, gut mit der Marinade überziehen und 2–3 Stunden in den Kühlschrank stellen.

3. Den Grill auf 200 °C direkte Hitze vorheizen.

4. Burgerbrötchen aufschneiden und auf den Schnittflächen kurz über direkter Hitze angrillen. So werden die Schnittflächen versiegelt und das Brötchen saugt sich nicht mit Fett und Sauce voll.

5. Die Burgerpatties über starker, direkter Hitze 2–3 Minuten grillen. Wenn sich auf der Oberfläche Flüssigkeit bildet, wenden und dann weitere 2 Minuten im indirekten Bereich des Grills ziehen lassen.

6. Währenddessen die Garnelen ebenfalls 2 Minuten von beiden Seiten auf direkter Hitze grillen. Hierzu eignet sich eine Gussplatte sehr gut, es geht aber auch ohne.

7. Kirschtomaten waschen und halbieren. Die Salatblätter waschen und trocken schütteln.

8. Nun den Burger zusammenzubauen. Die Unterseiten der Brötchen mit der Knoblauchsauce bestreichen, darauf jeweils 1 Patty legen. Nun folgen die Garnelen, die Kirschtomaten und etwas Salat. Als Topping etwas Chimichurri auf das Ganze streuen und mit der Brötchenoberseite als Deckel abschließen.

Gegrillte Weihnachtsgans

In der Weihnachtszeit gibt es viele leckere traditionelle Gerichte und es duftet in fast jeder Küche herrlich. Aber warum soll es immer nur in der Küche verführerisch riechen und nicht auch mal im Garten? Wir haben deshalb unsere Weihnachtsgans einfach gegrillt!

FÜR 8–12 PORTIONEN
ZEITBEDARF: 20 MINUTEN VORBEREITEN · CA. 180 MINUTEN GRILLEN

ZUTATEN:

Für die Gans:

1 Gans mit 4–6 kg Gewicht
100 g getrocknete Cranberrys
3 Äpfel (Braeburn)
100 g vorgekochte Maronen
2–3 TL Pfeffer
2 EL getrockneter Beifuß
1–2 TL getrockneter Majoran
Salz
3 EL Honig

Für die Sauce:

1 Bund Suppengrün (Sellerie, Möhre, Lauch, Zwiebel)
1 l Wasser
400 ml Gänsefond
2 EL Tomatenmark
100 ml halbtrockener Rotwein

Zubehör:

Drehspieß
Edelstahlschale
Grillthermometer

1. Die Gans gut ab- und auswaschen und danach mit Küchenpapier trocken tupfen. Die Cranberrys 10 Minuten in eine Schüssel mit Wasser legen, danach durch ein Sieb abgießen und abtropfen lassen. Die Äpfel schälen, das Kerngehäuse entfernen und das Fruchtfleisch in kleine Stücke schneiden. Die Maronen halbieren und in einer Schüssel mit den Cranberrys und den Apfelstücken vermischen.

2. Die Apfelfüllung mit Pfeffer, Beifuß und Majoran würzen. Alles gut vermengen und die Gans damit füllen. Danach die Öffnung gut mit Küchengarn verknoten und mit Zahnstochern fixieren, um zu verhindern, dass die Füllung wieder herausfällt. Jetzt noch die Gans von außen salzen und dann auf den Drehspieß stecken.

3. Suppengrün, Wasser und Gänsefond in eine Edelstahlschale geben. Die Schale dient zusätzlich als Auffangbehälter für heruntertropfendes Fett. Das Fett wiederum dient später als Geschmacksträger für die Sauce.

4. Den Grill auf 160 °C indirekte Hitze einregeln, Drehspieß mit Gans montieren und die Schale mit dem Gemüse unter die Gans stellen. Den Deckel schließen.

5. Nach gut 30 Minuten die Haut der Gans mit einer Gabel einstechen, damit das Fett austreten kann. Ab diesem Zeitpunkt die Gans alle 30 Minuten mit dem Fett-Brühe-Gemisch aus der Edelstahlschale bepinseln.

6. Nach rund 3 Stunden sollte die Gans eine Kerntemperatur von 67–70 °C erreicht haben. Zur Prüfung empfiehlt sich ein Grillthermometer. Jetzt den Grill noch einmal auf 260 °C aufheizen, die Gans mit etwas Honig bepinseln und noch einmal für 10 Minuten bei geschlossenem Deckel grillen. So wird die Haut schön kross und braun.

7. Um eine schnelle Sauce zu zaubern, die Schale mit dem Gemüse und dem Bratensaft vom Grill nehmen, Tomatenmark einrühren und den Sud sowie das Gemüse mit einem Stabmixer pürieren. Warten, bis sich das überflüssige Fett an der Oberfläche abgesetzt hat, und dieses dann mit einem Löffel entfernen. Rotwein einrühren und die Sauce anschließend auf dem Grill etwas einkochen lassen. Die Gans vom Spieß nehmen und mit der Sauce servieren.

Hauptspeisen

Ochsenfiletspieße mit Chimichurri

Ochsenfilet gehört zu den eher seltenen Fleischstücken in der Auslage beim Metzger, ist aber etwas ganz Besonderes. Das Fleisch ist etwas geschmacksintensiver und je nach Reifung sehr zart. Es eignet sich somit hervorragend für die Zubereitung am Spieß.

FÜR 4 PORTIONEN
ZEITBEDARF: 20 MINUTEN VORBEREITEN · 9–10 MINUTEN GRILLEN

ZUTATEN:

Für die Spieße:
- 1 TL Meersalz
- ½ TL gemahlener Koriander
- ½ TL frisch gemahlener schwarzer Pfeffer
- ½ TL edelsüßes Paprikapulver
- ½ TL gemahlener Kreuzkümmel
- 800 g Ochsenfilet
- 24 Kirschtomaten

Für die Chimichurri:
- 1 Bund glatte Petersilie
- 6–8 Blatt Basilikum
- 1 Zwiebel
- 1 Knoblauchzehe
- 2 Möhren
- ½ TL Meersalz
- 2 EL weißer Balsamico-Essig
- 7 EL Olivenöl

Zubehör:
- 4 Edelstahlgrillspieße

1. Salz, Koriander, Pfeffer, Paprikapulver und Kreuzkümmel in einer kleinen Schüssel gut verrühren.

2. Das Ochsenfilet in ca. 2 cm große Würfel schneiden und gründlich mit den Gewürzen vermischen. Die Kirschtomaten waschen. Nun die Fleischwürfel und die Tomaten auf die Spieße stecken. Am besten immer 2–3 Würfel Fleisch, dann 1 Tomate usw., bis die Spieße voll sind.

3. Als Nächstes die Chimichurri zubereiten, damit diese noch etwas im Kühlschrank ziehen kann. Dazu Petersilie und Basilikum waschen und trocken schütteln. Zwiebel und Knoblauch schälen, Möhren putzen und waschen. Die vorbereiteten Zutaten hacken und mit dem Salz in einer Schüssel vermischen. Dann langsam unter Rühren Essig sowie Olivenöl dazugeben, bis eine dickflüssige Sauce entsteht. Sauce im Kühlschrank ziehen lassen, bis das Fleisch fertig ist.

4. Nun den Grill aufheizen, bis er ca. 250–290 °C direkte Hitze erreicht hat.

5. Die Spieße 4 Minuten pro Seite auf direkter Hitze grillen. Wenn die Spieße rundum schön angegrillt sind, noch 1–2 Minuten im indirekten Bereich ruhen lassen.

6. Die Sauce aus dem Kühlschrank holen und mit den Ochsenfiletspießen servieren.

Rehkeule

Von Anfang Oktober bis Ende Dezember ist die klassische Zeit für Wildgerichte aller Art. Da darf natürlich ein schönes Stück von unserem heimischen Wild nicht fehlen. Wir haben uns für Rehkeule entschieden und stellen hier ein leckeres Rezept vor.

FÜR 6 PORTIONEN
ZEITBEDARF: 15 MINUTEN VORBEREITEN •
ÜBER NACHT KÜHLEN • 50 MINUTEN GRILLEN

ZUTATEN:

Für die Keule:

1 EL Wacholderbeeren
3 Lorbeerblätter
2 EL Wildgewürz
1 EL frischer Rosmarin
1 EL frischer Thymian
1 EL getrockneter Oregano
1 EL Gewürzmischung für Pilzpfanne
1 EL Pfeffer
6–7 EL Olivenöl
1 kg Rehkeule

Für die Sauce:

2 Möhren
2 Schwarzwurzeln
2 Zwiebeln
½ Lauch
200 ml trockener Rotwein
200 ml Wildfond
500 ml Wasser
2 Printen

Zubehör:

Alu-Grillschale
Grillthermometer

1. Die Wacholderbeeren und die Lorbeerblätter zerdrücken und mit dem Wildgewürz in eine kleine Schüssel geben. Rosmarin und Thymian waschen, mit Küchenpapier trocken tupfen, die Blätter abstreifen und hacken. Rosmarin, Thymian, Oregano, Pilzgewürz und Pfeffer in die Schüssel geben. Olivenöl dazugießen und alles zu einer dickflüssigen Paste vermischen. Mit der Paste die Rehkeule einreiben, in einen Gefrierbeutel packen und über Nacht in den Kühlschrank legen.

2. Etwa 2 Stunden vor dem Grillen die Keule aus dem Kühlschrank holen, damit das Fleisch langsam wieder auf Zimmertemperatur kommt.

3. Den Grill auf 120 °C indirekte Hitze vorheizen.

4. Das Gemüse für die Sauce putzen, schälen oder waschen, grob zerkleinern und mit Rotwein, Wildfond, Wasser und den zerbröselten Printen in die Alu-Grillschale füllen. Die Grillschale im indirekten Bereich des Grills platzieren.

5. Jetzt die Keule bei geschlossenem Deckel ca. 50 Minuten über die Grillschale auf den Grill legen. Nach Ablauf der Zeit sollte das Fleisch eine Kerntemperatur von 60–65 °C haben, dann ist es noch schön rosa. Wer es lieber durchgegart mag, der sollte bis 70 °C warten. Für ein gutes Ergebnis empfehlen wir ein Grillthermometer.

6. Sobald das Fleisch seine Temperatur erreicht hat, in Alufolie wickeln und 5 Minuten auf einem Teller oder Küchenbrett ruhen lassen. Während dieser Zeit den Sud aus der Grillschale mit einem Stabmixer fein pürieren und auf dem Grill bei großer Flamme einkochen. Durch die Printen und das zerkleinerte Gemüse wird die Sauce schön sämig. Zum Schluss das Rehfleisch vom Knochen lösen und mit der Sauce servieren.

Big-Kahuna-Burger – Grillkameraden-Version

Berühmt wurde der Big-Kahuna-Burger durch den Film *Pulp Fiction* und seitdem gibt es viele Interpretationen dieses Super-Burgers. Da darf natürlich auch eine Grillkameraden-Variante nicht fehlen.

FÜR 2 BURGER
ZEITBEDARF: 15 MINUTEN VORBEREITEN • 5 MINUTEN GRILLEN

ZUTATEN:

Für die Burger:
2 Zwiebeln
1–2 EL Sonnenblumenöl
4–5 EL Balsamico-Essig
4 Salatblätter
4 Rindfleischpatties (à 150 g)
4 (dicke) Scheiben Speck
2 Scheiben Ananas (aus der Dose, ohne Strunk)
2 Burgerbrötchen
Pfeffer
Salz
4 Scheiben Käse

Für die Sauce:
3 EL BBQ-Sauce
3 EL Dijon-Senf
3 EL Teriyaki-Sauce
3 EL brauner Zucker

1. Die Zwiebeln schälen und in Ringe schneiden. Öl in einer Pfanne erhitzen und die Zwiebelringe darin glasig dünsten. Dann mit Balsamico-Essig ablöschen und 2 Minuten köcheln lassen.

2. Für die Sauce BBQ-Sauce, Dijon-Senf, Teriyaki-Sauce und braunen Zucker in einer Schüssel gut vermischen.

3. Die Salatblätter waschen und trocken schütteln.

4. Den Grill anheizen. Die Patties auf der linken Seite bei starker direkter Hitze (220 °C), den Speck rechts bei indirekter Hitze (ca. 160 °C) grillen. Die Ananas nur kurz zusammen mit den aufgeschnittenen Brötchen auf der direkten Hitze angrillen, dann zum Warmhalten auf die Seite legen.

5. Wenn die Patties ausreichend angegrillt sind (nach etwa 2 Minuten auf jeder Seite), mit Pfeffer und Salz würzen und ebenfalls in die indirekte Zone geben. Dort den Käse auflegen und zum Schmelzen bringen.

6. Wenn alles so weit fertig ist, geht es ans Zusammenbauen, und zwar jeweils in folgender Reihenfolge: Brötchenunterseite, etwas BBQ-Sauce, Salatblatt, Rindfleisch mit Käse, Burgersauce, Salatblatt, wieder Rindfleisch mit Käse, geschmorte Zwiebeln, Speck, Burgersauce, Ananas und Brötchendeckel.

NACH-SPEISEN

Nachspeisen

Bratapfel vom Grill

FÜR 4 PORTIONEN
ZEITBEDARF: 20 MINUTEN VORBEREITEN ·
2 STUNDEN WÄSSERN · 35 MINUTEN GRILLEN

ZUTATEN:

Für die Äpfel:

50 g Cranberrys
3 EL Calvados
2 TL Zucker
4 mittelgroße Äpfel (am besten Boskoop)
50 g Walnusskerne
1–2 EL Butter
1 TL Zimt
3 EL Honig

Für die Vanillesauce:

1 Vanilleschote
50 ml Sahne
400 ml Milch
4 EL Puderzucker
2 Eigelbe (Größe M)
2 Päckchen Vanillezucker
1 Päckchen Vanillepuddingpulver

Zubehör:

Räucherbrett
Apfelausstecher

1. Das Räucherbrett muss 2 Stunden vor dem Grillen ins Wasser gelegt werden, damit es später nicht anbrennt.

2. Die Cranberrys in einer Schüssel mit dem Calvados und 1 TL Zucker verrühren und ziehen lassen.

3. Den Grill auf 200 °C vorheizen.

4. Die Äpfel waschen. Mit einem Messer jeweils einen »Deckel« (ca. 1–1 ½ cm dick) abschneiden und für später beiseitelegen. Die Äpfel mit dem Ausstecher entkernen. Dabei darauf achten, nicht komplett durchzustechen, damit später die Füllung nicht unten herausfällt. Das ausgestochene Loch sollte einen Durchmesser von mindestens 2 cm haben, damit auch genug Füllung hineinpasst

5. Nun die Walnüsse hacken und mit Butter, Zimt, dem restlichen Zucker und dem Honig in einer Schüssel vermischen. Die Cranberrys in ein Sieb abgießen, abtropfen lassen und zur Füllung geben.

6. Die Füllung vorsichtig in die ausgestochenen Löcher der Äpfel drücken. Das funktioniert am besten mit den Fingern. Anschließend die Deckel wieder aufsetzen. Die Äpfel auf das gewässerte Räucherbrett setzen und etwa 25 Minuten bei indirekter Hitze garen. Die Garzeit hängt ein wenig von Sorte und Größe der Äpfel ab.

7. Währenddessen die Vanillesauce zubereiten. Dazu zunächst die Vanilleschote längs aufschlitzen und das Mark herauskratzen. Das Mark mit der Vanilleschote und den restlichen Saucenzutaten in einen Topf geben und mit einem Schneebesen vermengen. Nun die Sauce langsam aufkochen, bis sie leichte Blasen wirft. Erneut rühren und dann aufkochen. Diesen Vorgang 2–3 Mal wiederholen. Dann den Topf vom Herd nehmen und Sauce abkühlen lassen.

8. Sobald die Äpfel weich sind, vorsichtig vom Grill holen, auf einem Teller platzieren und mit der warmen Vanillesauce begießen.

Die Vanillesauce dickt beim Abkühlen noch ein, daher nicht zu lange einkochen lassen.

Nachspeisen

Crème brûlée vom Grill

Eine Crème brûlée ist immer etwas ganz Besonderes. Sie lässt sich auch sehr gut auf dem Grill zubereiten. Aber Achtung: Verzehrt werden kann die unwiderstehliche Nachspeise erst einen Tag später!

FÜR 6 PORTIONEN
ZEITBEDARF: 20 MINUTEN VORBEREITEN ·
30–45 MINUTEN GRILLEN · 24 STUNDEN KÜHLEN

ZUTATEN:
- 2 Eier (Größe M)
- 3 Eigelbe (Größe M)
- 150 g Zucker
- Abrieb ½ Orange
- 300 ml Milch
- 200 ml Sahne
- 1 Tonkabohne
- etwas Butter für die Förmchen
- 4 EL brauner Zucker

Zubehör:
Flambierer

1. Am Vortag die ganzen Eier und die Eigelbe in eine Schüssel geben und mit dem Zucker und dem Orangenabrieb schaumig schlagen.

2. Nun Milch, Sahne und Tonkabohne in einen Topf geben und langsam bei mäßiger Hitze erwärmen. Dabei aufpassen, dass die Mischung nicht zu kochen beginnt. Kurz vor dem Siedepunkt den Topf vom Herd nehmen und die Tonkabohne herausholen.

3. Als Nächstes die Ei-Zucker-Masse vorsichtig unter die Milch-Sahne-Mischung heben und alles wieder bei schwacher Hitze und unter ständigem Rühren zum Kochen bringen. Wenn die Masse leicht fest wird, Topf sofort vom Herd nehmen und Creme abkühlen lassen.

4. 6 feuerfeste Förmchen mit Butter einfetten und die Creme einfüllen.

5. Den Grill auf 130 °C indirekte Hitze einstellen.

6. Die Creme 30–45 Minuten im indirekten Bereich des Grills bei geschlossenem Deckel garen. Wenn die Masse eindickt, ist die Creme fertig und muss zum Abkühlen 24 Stunden in den Kühlschrank.

7. Am Tag des Servierens die Creme mit dem braunen Zucker bestreuen und mit einem Flambierer karamellisieren.

Nachspeisen

Flammkuchen mit Birne und Ziegenkäse

Dieser Flammkuchen ist eine außergewöhnliche Variante und wird den Gästen garantiert im Gedächtnis bleiben. Statt klassisch mit Schmand, Speck, Lauch und Zwiebeln wird die süß-herzhafte Kombination mit Birne und Ziegenkäse belegt.

FÜR 2 PORTIONEN
ZEITBEDARF: 15 MINUTEN VORBEREITEN • 8–10 MINUTEN GRILLEN

ZUTATEN:

Für den Teig:

200 g Mehl (Typ 405) + etwas zum Ausrollen
1 TL Salz
100 ml Sprudelwasser
1 EL Olivenöl

Für den Belag:

100 g Schmand (oder Crème fraîche)
4 TL Feigensenf
1 Prise Salz
1 Prise Pfeffer
1 Birne
70 g Ziegenkäse
1 Schalotte

Zubehör:

Pizzastein

1. Mehl und Salz in einer Schüssel miteinander vermischen. Wasser nach und nach hinzugeben, dann das Olivenöl zum Teig geben und verkneten. Sollte der Teig zu klebrig sein, einfach ein wenig mehr Mehl zufügen.

2. Den Teig mit den Händen zu einer Kugel formen und auf die bemehlte Arbeitsfläche legen. Kurz mit den Händen platt drücken und auseinanderziehen, dann mit dem Nudelholz dünn ausrollen. Nun mit einer Gabel den Teig mehrmals an verschiedenen Stellen einstechen, das verhindert, dass sich der Teig später auf dem Grill nach oben wölbt.

3. In einer Schüssel den Schmand mit dem Feigensenf verrühren und den ausgerollten Teig dünn damit bestreichen. Mit Salz und Pfeffer bestreuen.

4. Die Birne waschen, das Kerngehäuse entfernen und das Fruchtfleisch in dünne Scheiben schneiden. Den Ziegenkäse ebenfalls in dünne Scheiben schneiden und beides gleichmäßig auf dem Teig verteilen. Die Schalotte schälen, hacken und über den Flammkuchen streuen.

5. Nun den Grill vorbereiten. Einen Pizzastein in die Mitte des Grills legen. Die Brenner rechts und links auf Maximum stellen und den mittleren Brenner aus lassen. Sobald der Grill eine Temperatur von etwa 250 °C erreicht hat, den Flammkuchen auf den Pizzastein legen. Deckel schließen und Flammkuchen 8–10 Minuten garen. Fertig ist eine grandiose Nachspeise mit herzhafter Note.

Wer mag, kann vor dem Backen noch ein kleines Stück Schokolade und/oder eine in Schnaps eingelegte Himbeere in die Mitte des Teigs drücken.

Warme Schokoküchlein mit flüssigem Kern

Ein Traum aus Schokolade und ein Muss für jeden, der BBQ und Desserts liebt!

FÜR 6 KÜCHLEIN
ZEITBEDARF: 15 MINUTEN VORBEREITEN · 15 MINUTEN GRILLEN

ZUTATEN:

100 g + 1 TL Butter
60 g Zucker + 1 Prise
150 g Zartbitterschokolade
2 Eier (Größe M)
2 Eigelbe (Größe M)
2 EL Mehl (Typ 405)
1 Prise Puderzucker

Zubehör:
Muffinform
Gusstopf

1. Als Erstes den Grill auf 150–160 °C vorheizen.

2. Danach die Muffinform mit 1 TL Butter einfetten und mit 1 Prise Zucker ausstreuen. So klebt der Teig später nicht an der Form.

3. Die Schokolade mit einem Messer in kleine Stücke hacken und mit der restlichen Butter in einem Gusstopf auf dem Grill schmelzen lassen. Das geht natürlich auch ganz normal in der Küche auf dem Herd, falls man keinen Gusstopf hat. Wenn alles geschmolzen und vermischt ist, den Topf vom Grill nehmen

4. Die Eier, die Eigelbe und den restlichen Zucker in einer Schüssel mit einem Handrührgerät schön schaumig schlagen, das dauert ca. 4–5 Minuten. Danach das Mehl in die schaumige Masse sieben und unterheben. Zuletzt die flüssige, leicht abgekühlte Schokolade ebenfalls unter den Teig heben und verrühren.

5. Den Teig in die Muffinmulden füllen, sodass sie zu ca. ¾ gefüllt sind. Form auf den Grill stellen und Küchlein ca. 15 Minuten backen. Am besten nach 12 Minuten einmal mit einem Holzspieß in den Rand eines Küchleins stechen, um zu sehen, wie fest der Teig bereits ist.

6. Nach Ablauf der Backzeit, die Muffinform vom Grill nehmen (Achtung heiß! Also Handschuhe nicht vergessen!) und die Küchlein herauslösen. Küchlein auf einem Teller anrichten, mit Puderzucker bestreuen und warm servieren!

Nachspeisen

Crumble mit Rhabarber und Erdbeeren

Frisches, süßes Obst bedeckt mit knusprigen Teigstreuseln.
Der Crumble ist ein leichtes Dessert für den Sommer!

FÜR 4 PORTIONEN
**ZEITBEDARF: 30 MINUTEN VORBEREITEN ·
10 MINUTEN RUHEZEIT · 25–30 MINUTEN GRILLEN**

ZUTATEN:
- 2 Stangen Rhabarber
- 8 Erdbeeren
- 2 Päckchen Vanillezucker
- 200 g Zucker
- 4 cl brauner Rum (optional)
- ½ Vanilleschote
- 100 g Butter
- 125 g Mehl

Zubehör:
- 4 feuerfeste Schalen

1. Zunächst den Rhabarber schälen und waschen. Die Erdbeeren vorsichtig waschen, entstielen und mit Küchenpapier trocken tupfen. Anschließend beides in kleine, mundgerechte Stücke schneiden und in eine Schüssel geben. Vanillezucker, 75 g Zucker und optional etwas braunen Rum untermischen und Obst 10 Minuten stehen lassen.

2. Währenddessen für den Teig die Vanilleschote aufschlitzen und das Mark herauskratzen. Mark mit dem restlichen Zucker und der Butter in einer Schüssel verrühren. Dann nach und nach das Mehl dazugeben und alles verkneten, bis ein bröseliger Teig entsteht, die Crumbles (Streusel).

3. Nun den Grill auf 180 °C indirekte Hitze vorheizen.

4. Die Obstmischung in die feuerfesten Schalen füllen und mit dem Streuselteig locker bedecken. Anschließend die Schalen für 25–30 Minuten im indirekten Bereich des Grills platzieren und den Deckel schließen. Nach 25 Minuten einmal nachschauen, wie weit die Crumbles sind. Wenn die Teigstreusel schön goldbraun sind, ist die Nachspeise fertig. Direkt vom Grill servieren.

Wer dieses Dessert noch verfeinern oder einfach variieren möchte, kann Eis oder Vanillesauce dazu reichen.

Nachspeisen

Erdbeer-Marshmallow-Spieße mit Minze

Süße Erdbeeren, zerlaufene Marshmallows und frische Minze verbinden sich zu einem leichten und leckeren Dessert für den Sommer.

FÜR 4 SPIESSE
ZEITBEDARF: 10 MINUTEN VORBEREITEN ·
30 MINUTEN WÄSSERN · 5 MINUTEN GRILLEN

ZUTATEN:
- 12 Erdbeeren
- 3 Stängel frische Minze
- 2 EL brauner Zucker
- 8 Marshmallows

Zubehör:
Holzspieße

1. Zunächst die Holzspieße ins Wasser legen, damit sie beim Grillen nicht verbrennen.
2. Die Erdbeeren vorsichtig waschen, entstielen und mit Küchenpapier trocken tupfen.
3. Die Minze waschen, trocken schütteln, die Blätter von den Stängeln zupfen und fein hacken. Zusammen mit dem Zucker in einer Schale vermischen. Dann die Erdbeeren darin wenden.
4. Nach 30 Minuten haben die Spieße genug Wasser gezogen. Dann die Erdbeeren und die Marshmallows abwechselnd aufstecken: jeweils 3 Erdbeeren und 2 Marshmallows.
5. Den Grill auf 180 °C indirekte Hitze bringen und die Spieße 5 Minuten grillen. Dabei immer wieder wenden, damit nichts anbrennt. Die Marshmallows werden schön braun und zerlaufen, die Erdbeeren werden weich und der braune Zucker karamellisiert mit der Minze – ein tolles Dessert für Groß und Klein.

Gegrillte Bananen mit Schokocrunch

So gut wie jeder kennt gebackene Bananen im Teigmantel, die es beim Asiaten als Dessert gibt. Wir haben das Gericht etwas abgewandelt und grilltauglich gemacht. Daraus ist eine köstliche Kombination aus warmer Banane, süßem Honig und feiner Schokolade entstanden – ein traumhaftes Dessert vom Grill!

FÜR 4 PORTIONEN
ZEITBEDARF: 5 MINUTEN VORBEREITEN • 10 MINUTEN GRILLEN

ZUTATEN:
4 reife Bananen
4 TL Honig
40 g Nussmischung
40 g dunkle Kuvertüre

1. Als Erstes den Grill auf 160–180 °C vorheizen.
2. Die Bananen nicht schälen und längs einschneiden. Aber nicht ganz durchschneiden, damit eine Tasche entsteht, die befüllt werden kann.
3. Den Honig in die Taschen der Bananen träufeln. Die Nussmischung mit einem Fleischklopfer oder einem Topf zerdrücken und ebenfalls in die entstandenen Taschen streuen.
4. Die Schokolade mit einem Messer klein hacken und über die Nüsse streuen.
5. Die gefüllten Bananen 10 Minuten bei direkter Hitze auf den Grill legen. In dieser Zeit zerläuft die Schokolade und vermischt sich mit den Nüssen. Das Fruchtfleisch der Banane wird weich und nimmt den Honig auf.
6. Nach Ablauf der Garzeit die Bananen einfach auf einem Teller anrichten und mit einem Löffel das warme, weiche Fruchtfleisch direkt aus der Schale genießen.

Nachspeisen

Pancakes – amerikanische Pfannkuchen vom Grill

Ob zum Frühstück mit Obst, herzhaft als Mittagessen oder süß als Dessert – Pancakes sind immer lecker!

FÜR 2 PORTIONEN
ZEITBEDARF: 10 MINUTEN VORBEREITEN • 20 MINUTEN GRILLEN

ZUTATEN:
- 2 Eier (Größe L)
- ½ Vanilleschote
- 95 g brauner Zucker
- 150 ml Sprudelwasser
- 200 ml Vollmilch
- 1 EL Zitronensaft
- 200 g Mehl (Typ 405)
- 1 Prise Salz
- 3–4 EL + 1 TL Butter

Zubehör:
- Gusspfanne oder feuerfeste Backform

1. Zuerst den Grill mit der Gusspfanne auf 220 °C indirekte Hitze vorheizen.
2. Während der Grill aufheizt, die Eier in einer Schüssel mit dem Handrührgerät schön schaumig schlagen, das kann gut 5 Minuten dauern. Wer will, kann auch mit dem Schneebesen arbeiten, das erfordert aber einige Ausdauer in den Armen.
3. Als Nächstes die Vanilleschote aufschlitzen und das Mark herauskratzen. Mark mit dem Zucker zu den Eiern geben.
4. Danach Sprudelwasser, Milch und Zitronensaft unterrühren.
5. Das Mehl in den Teig sieben und das Salz hinzugeben. Noch einmal alles gut verrühren und darauf achten, dass keine Klümpchen bleiben.
6. Den Grill auf 200–210 °C indirekte Hitze vorheizen.
7. 3–4 EL Butter in die vorgeheizte Pfanne oder die Backform geben, schmelzen lassen und den Teig einfüllen. Den Pancake nun 20 Minuten bei indirekter Hitze auf dem Grill backen. Durch das langsame Garen und die Kohlensäure im Mineralwasser geht der Pancake in der Pfanne richtig schön auf und wird extra fluffig.
8. Vor dem Servieren noch 1 TL Butter auf den Pancake geben und schmelzen lassen, dann wird er besonders saftig!

Rezeptregister

A
Ahornsirup: 78
Ananas: 104
Äpfel: 98, 106
Apfelessig: 94
Aubergine: 94
Austernsauce: 60
Avocado 59

B
Bacon: 14, 18, 22, 26, 29, 34, 46, 48
Baguette: 17, 25
Balsamico-Essig: 101, 104
Banane: 118
Basilikum: 21, 43, 77, 101
BBQ-Rub: 18, 22, 26, 34, 37, 46, 48, 55, 68, 78, 85
BBQ-Sauce: 14, 48, 55, 85, 104
Birne: 110
Blätterteig: 44
Bohnen: 48, 93
Burgerbrötchen: 55, 81, 85, 94, 97, 104

C
Champignons: 21, 93 f.
Chorizo-Würste: 59
Ciabatta: 21, 25
Cranberrys: 98, 106
Crème fraiche: 14, 110

D
Dijon-Senf: 22, 26, 69, 104
Dorade: 62
Dry Aged Tomahawk Steak: 65

E
Eier: 44, 80, 94, 106, 109, 113, 120
Erdbeeren: 29, 114, 117
Erdnüsse: 89

F
Feldsalat: 26
Forelle: 68

G
Gans: 98
Garnelen: 70, 93, 97
Granatapfel: 26

H
Hackfleisch: 18, 34, 44, 46, 48, 52, 55
Hähnchen: 51
Hähnchenbrust: 22, 63, 73, 93
Hähnchenflügel: 56
Hähnchenkeulen: 85
Hasenkeule: 93
Haxen: 74

J
Jakobsmuscheln: 26
Jalapeños: 34

K
Karotten: 59
Käse: 18, 25, 29, 34, 37 f., 40 ff., 43., 44, 46 ff., 52, 55, 94, 104, 110
Knoblauch: 21, 25, 43, 51 f., 59 f., 66, 82, 90, 101
Kuvertüre, dunkel: 118

L
Lachsfilet: 60
Lachssteaks: 81
Lammkarree: 82
Lauch: 102

M
Maronen: 98
Marshmallows: 117
Miesmuscheln: 93
Möhren: 101 f.

O
Ochsenfilet: 101

P
Paella-Reis: 93
Paprika, eingelegt: 93
Paprika: 44, 46, 59, 94
Paprikapaste, scharf: 73
Parmaschinken: 37, 77
Pimientos de padrón: 32
Putenschnitzel: 37, 77

R
Rehkeule: 102
Rharbarber: 114
Rinderhüfte: 66, 93
Rindfleisch-Patties: 104
Rumpsteak: 66

S
Salat: 26, 59, 81, 97, 104
Sauerrahm: 30

Schinken: 41, 42
Schmand: 17, 110
Schokolade, zartbitter: 112
Schwarzwurzeln: 102
Schweinenacken: 86, 93
Schweineschulter: 78
Spargel, grün: 28
Speck, geräuchert: 17, 21, 55, 104
Spinat: 30, 37
Spitzpaprika: 46
Suppengrün: 98

T
Thunfisch, am Stück: 89 f.
Tintenfischringe, frisch: 93
Tomaten, geschält: 93
Tomaten, getrocknet und eingelegt: 37, 42, 77
Tomaten, passiert: 56
Tomaten: 21, 70, 97, 101

W
Walnusskerne: 42, 106
Wildlachsfilet, frisch: 30
Wraps, fertig: 59

Z
Zucchini: 38, 94
Zwiebel: 14, 17, 41, 55, 59, 62 f., 66, 81, 90, 93 f., 101 f., 104

Bildnachweis

S. 15: Marta Graham/Shutterstock.com; S. 16, 19, 23, 27, 31, 36, 39, 49, 54, 61, 67, 68, 76, 88: © Volker Krüger, Muriel Struck; S. 20: Shaiith/Shutterstock.com; S. 24: Tatiana Volgutova/Shutterstock; S. 28: Printemps/AdobeStock.com; S. 32: Tamara Kulikova/Shutterstock.com; S. 35: Alexander Prokopenko/Shutterstock.com; S. 40: margouillat photo/Shutterstock.com; S. 43: 5PH/Shutterstock.com; S. 45: HLPhoto/AdobeStock.com; S. 46, 62, 63, 104, 120: © Grillkameraden; S. 47: v.li oben nach re. unten: Ramon grosso dolarea/Shutterstock; Vlastimil Kuzil/Shutterstock.com; hlphoto/Shutterstock.com; Brent Hofacker/Shutterstock.com; stockfoto/Shutterstock.com; Christian Mueller/Shutterstock.com; S. 50: Brent Hofacker/Shutterstock.com; S. 53: Vlastimil Kuzil/Shutterstock.com; S. 57: Ramon grosso dolarea/Shutterstock; S. 58: stockfoto/Shutterstock.com; S. 64: hlphoto/Shutterstock.com; S. 71: Christian Mueller/Shutterstock.com; S. 72: Tatiana Volgutova/Shutterstock.com; S. 75: juefraphoto/Shutterstock.com; S. 79: zkruger/Shutterstock.com; S.80: dasytnik/Shutterstock.com; S. 83: bernjuer/bigstock.com; S. 84: Scruggelgreen/AdobeStock.com; S. 87: Apostolos Mastoris/Shutterstock.com; S. 91: Brent Hofacker/Shutterstock.com; S. 92: denira/AdobeStock.com; S. 95: istetiana/Shutterstock.com; S. 96: ASK-Fotografie; S. 99: HLPhoto/AdobeStock.com; S. 100: HLPhoto/AdobeStock.com; S. 103: luzifere/AdobeStock.com; S. 105: v.li oben nach re. unten: Jenny Sturm/Shutterstock.com; Dream79/Shutterstock.com; lucky elephant/Shutterstock.com; Studio Barcelona/Shutterstock.com; Lenakov/Shutterstock.com; beornbjorn/Shutterstock.com; S. 107: Jenny Sturm/Shutterstock.com; S. 108: Studio Barcelona/Shutterstock.com; S. 111: Dream79/Shutterstock.com; S. 112: Lenakov/Shutterstock.com; S. 115: lucky elephant/Shutterstock.com; S. 116: gani_dteurope/AdobeStock.com; S. 119: beornbjorn/AdobeStock.com

400 Seiten
29,99 € (D) | 30,90 € (A)
ISBN 978-3-7423-0088-1

Meathead Goldwyn
Die Wissenschaft des Grillens

Nichts schmeckt besser als ein selbst gegrilltes Steak. Dem Grillmeister, Autor und Fotografen »Meathead« Goldwyn ist das jedoch nicht genug. Für ihn ist das Grillen eine exakte Wissenschaft mit dem Ziel, das perfekte, auf den Punkt gebrachte Ergebnis zu erzielen.

In seinem Buch liefert er fundiertes Grundlagen- und Expertenwissen, das jeder Griller kennen und verinnerlichen sollte. Anschaulich beschreibt er, wie der Grill und das Grillzubehör (Hardware), das Grillgut (Software) mit Rauch und Hitze optimal zusammenspielen, und räumt mit gängigen Mythen auf, z. B. dass das Fleisch vor dem Grillen Zimmertemperatur haben oder der Rost eingeölt werden sollte, um ein Ankleben zu verhindern.

Dieses Buch enthält 118 vom Autor entwickelte und sorgfältig getestete Rezepte, von gegrillter Polenta über Quiche mit Räucherlachs bis hin zu Spanferkel und tollen Saucen, Marinaden und Beilagen. Darunter befinden sich sowohl traditionelle Grillrezepte als auch raffinierte Neukreationen, die Laien und Grillexperten gleichermaßen das Wasser im Mund zusammenlaufen lassen.

64 Seiten
7,99 € (D) | 8,30 € (A)
ISBN 978-3-86883-969-2

Daniel Wiechmann

Kochen mit dem Slow Cooker

Leckere Gerichte aus aller Welt

Wer länger kocht, hat mehr vom Essen! Nämlich intensiveren und natürlichen Geschmack. Durch die langen Kochzeiten von mehreren Stunden bei Temperaturen knapp unter 100 Grad werden Braten wunderbar saftig, Currys sorgen für Geschmacksexplosionen auf der Zunge und Suppen oder Eintöpfe gelingen wie bei Oma. In diesem Kochbuch reisen Sie mit dem Slow Cooker um die Welt und entdecken Gerichte wie portugiesisches Rosmarinhähnchen, kubanisches Ropa Vieja, französisches Bœuf Bourguignon oder natürlich Pulled Pork aus den USA. Neben den internationalen Rezepten vermittelt dieses Buch Basiswissen rund ums Slow Cooking und stellt die wichtigsten Gerätetypen vor.

96 Seiten
9,99 € (D) | 10,30 € (A)
ISBN 978-3-7423-0147-5

Charly Till
Das Grillbuch für den Thermomix®
Über 80 Rezepte für Soßen, Marinaden, Beilagen und Brote

Zu einem gemütlichen Grillabend mit Freunden oder der Familie gehören nicht nur saftige Steaks und knackige Würstchen. Der Thermomix® kann fast alles zubereiten, was der Grill nicht kann und was das Herz des Grillmeisters und seiner Gäste begehrt: kräftige Marinaden und Würzpasten wie Gewürzbiersud oder Hot Lemon Rub, feine Soßen fürs Grillfleisch wie argentinisches Chimichurri, Salate wie Coleslaw, Beilagen wie Hummus, Brote wie Focaccia mit Zwiebeln, aber auch Hackfleischzubereitungen wie Adana Kebab oder Cevapcici und natürlich leckere Desserts wie Zitronentarte oder Mini-Schoko-Guglhupf. Die ausführlichen Schritt-für-Schritt-Anleitungen sorgen dafür, dass sich der Grillabend perfekt vorbereiten lässt und für Gastgeber und Gäste zu einem Genuss wird.
Mit über 80 Rezepten. Alle Rezepte sind geeignet für den TM5 und den TM31.

Unabhängig recherchiert, nicht vom Hersteller beeinflusst.

Mehr Informationen finden Sie unter: www.thermomix-fans.de

96 Seiten
9,99 € (D) | 10,30 € (A)
ISBN 978-3-86883-934-0

Volker Krüger und Muriel Struck
Kontaktgrill
50 kreative Rezeptideen für Sandwiches, Gemüse und Fleisch

Der Kontaktgrill ermöglicht eine schnelle und fettarme Zubereitung und bietet trotzdem das volle Röstaroma. Dass man mit dem Grill viel mehr machen kann als Sandwiches oder Steaks, beweist dieses Buch mit 50 erprobten und überraschenden Rezepten, beispielsweise gegrilltes Westernsteak mit Horseradish-Sauce oder für Vegetarier Polenta-Schnitten mit buntem Mangoldgemüse. Als Dessert gibt es gegrillte Aprikosen mit Mascarpone-Orangen-Creme – Sie können sogar ganze Mahlzeiten und Menüs mit dem Grill zaubern. Damit ersetzt der Kontaktgrill Herd und Ofen!